JN212229

国民的チェーンめし研究

○○の△△はなぜうまいのか？

超料理マニアな料理人
東山広樹［著］
蒼井すばる［イラスト］

KANZEN

はじめに

料理を愛している、食べることを愛している。僕は人生をほとんどそのふたつの行動に捧げている。

僕の食べ歩き遍歴は二六年前に遡る。中学一年生の頃、友人と近所のラーメン屋を食べ歩き「どの店のラーメンがうまいか?」など格付けをしてクラスの友人に披露していた。高校生になる頃には、当時隆盛を極めた『ラーメンガイドブック』を片手に、毎週末東京まで遠征してラーメンを食べ、ガラケーから『ラーメンデータベース』に評価を投稿するなど、間違いなくラヲタを全うしていた。

今では、日本全国や海外も含め、年間四〇〇軒以上は食べ歩きをしていて、本当に美味しいと感じたお店をX(旧:Twitter)で発信し続けている。それがもはやライフワークであり、生きがいでもある。

多分、子どもの頃から「人と感動を共有すること」が大好きなのだ。自分が美味しいと感じたものを、他人に伝えたくてたまらない。そして、その感動を分かち合えたら、その感動が何倍にもなる！　それが僕の原動力だ。

でも世の中は美味しいもので溢れているから、ただ「すごく美味しい！」と言うだけでは伝わらない。だから、「なぜうまいのか？」を伝えるべきだと思った。そのレポートが細かく、特徴を捉えていれば、人に伝えたときによりイメージを膨らましてもらえる。そう思って、言語化をとにかくするようにしてきたのだが、その過程で新たな〝大きすぎるメリット〟を思いがけず得ることができた……。

それは、「料理が何倍も美味しく感じるようになった」のだ。自分の中で「なぜうまいのか？」を分析&理解することで、そのポイントをはっきり認知するため、より強く感動することができるようになる。また、脳内が整理されることで、新たな美味しさを探すための脳内容量が空くのだ。そして、新たな美味しさを認知し、さらに美味しく感じる、というループが生まれる。

実際、僕はレシピ開発の依頼を受けたら、その料理をめちゃくちゃ構造化して言語化して食べまくって作りまくるのだけれど、その依頼作業を終えた後、その料理が異常に美味しく感じるようになる。

つまり、〝知識は最高の調味料〟なのだ。この本では、誰もが知るような「国民的チェーンめし」は「なぜうまいのか？」を解説しまくった。この本を読んでから、慣れ親しんだ国民的チェーンめしを食べてほしい。きっと前より何倍も美味しく感じるから。

超料理マニアな料理人　東山広樹

Menu

三　そば・うどんはなぜうまいのか？　81

四　牛丼はなぜうまいのか？　103

七 ハンバーガー・コーヒーはなぜうまいのか？　147

ラーメンはなぜうまいのか?

ラーメンの構造

「麺の風味の変化」とは？

僕はラーメンが大好きだ。好きすぎるといっても過言ではない。日常生活でも、旅先でも、とにかく気になるラーメン屋があれば迷うことなく飛び込んでしまうし、自分でも汁なし担々麺の専門店を開業するくらいにラーメンにどっぷりハマり続けている人生だ。

では、ラーメンとは一体なんだろう？　ラーメンが他の麺類と一線を画す点はなんだろう？　日本ではラーメンが進化&多様化しすぎて、その本質が分かりにくくなってしまっているが、ひと言で定義すると、

【中華麺を使った麺料理】

これをラーメンと呼べると思う。

では、「中華麺」とは？　中華麺とは「かんすいを使用した麺」である。「かんすい」とはアルカリ塩水溶液であり、小麦粉に加えて練ることでグルテンに作用し、麺の伸び&コシがはるかに増す。また、小麦粉の成分と反

応し黄色系の発色を起こしたり、麺の風味を変化させるなど、さまざまな効果をもたらす。ここまでが教科書的な回答であろう。

僕は、「麺の風味の変化」、これこそがラーメンの特徴でもあり、美味しさでもあり、厄介なポイントだと思っている。中華麺とうどんは、

【かんすいの有無】

という一点にしか差はなくとも、まったく味わいが違う。例えば、中華麺を極上のうどんだしに入れても美味しくないだろう。逆に、ラーメンスープにうどんを入れても合わない組み合わせが多いようにも思う。そのマッチングを根底的に左右しているのは「風味」である。かんすいを麺に加えることによって生まれる〝独特な風味〟が、合うスープ&合わないスープを選別するのだ。もし、中華麺がうどんなどの和だしとの相性が良ければ、今のようなラーメンスープの発展はなかったかもしれない。

中華麺という制約があったからこそ発展し続けてきたラーメンという偉大な食文化。無限ともいえる多様性をもっているが、今回、その中でも僕が愛してやまない最高の三店を紹介させていただきたい。

1

『ラーメン二郎』の「ブタ入りラーメン」は（＋ヤサイ・アブラ・ニンニク）なぜうまいのか？

「二郎はラーメンにあらず、二郎という食べ物なり」という格言があるほど、『ラーメン二郎』はもはや神格化された存在だ。「ジロリアン」でもある著者が『二郎』の〈一体感〉と〈食感〉、そして〈愛〉を科学的＆情熱的に語る。

『ラーメン二郎』との出会いとは？

みなさんは『ラーメン二郎』をご存じだろうか？

超濃厚で塩辛いくらいにしょっぱい豚骨スープに、超極太麺。そして、もやしがどかんと山盛り。もやしの頂点には火山の溶岩のごとくトロトロの背脂がかけられており、特大の豚角煮を思わせるほどの大きさのチャーシューが雄大に鎮座している。

食べたことがない方も、このビジュアルには見覚えがあるのではないだろうか？

僕が、初めて『ラーメン二郎』に出会ったのは約二二年前。

浪人生だった僕は『ラーメンガイドブック』で見つけたこのビジュアルに強い衝撃を受け、すぐに訪問。初めて食べたときの感想は、「こんなラーメンがこの世に存在するのか？」という感じで、あまりに初めての味体験に脳の情報処理が追いつかなかった……。

『ラーメン二郎』
創業／1968年
1号店／三田
（東京都港区）
店舗数／約40

それでも無性に食べたくなり、三度も通った頃には〝二郎がないと生きられない〟というくらいにハマってしまった。

大学生の頃は、週に三～五杯くらいは『ラーメン二郎』を食べ続けていたのだが、まったく飽きなかった……。今では頻度は減ってしまったけれど、間違いなく僕の人生を変えたラーメンである。昔からすごく人気があった『ラーメン二郎』だけれど、今となっては「二郎系」というジャンルも生まれるほどの定着ぶり。『ラーメン二郎』の店舗はどこも超人気で行列が絶えず、二郎系のインスパイア店もかなり人気で行列店も数多く存在する。

なぜ『ラーメン二郎』はこれほどの人気があるのだろうか？

そして、なぜ美味しいのか？

その美味しさの理由について、科学的な視点も踏まえ、［麺］［スープ］［具材］［総合］の四つの要素に分けて分析していこうと思う。

『ラーメン二郎』の〝麺〟はなぜうまいのか？

「ワシワシした麺」という表現で語られる『二郎』の麺。この形容詞は『二郎』の麺が生み出した言葉なんじゃないかと思う。

もっと分かりやすく、一般的な語彙で『二郎』の麺の味わいを表現すると……。

極太で、断面が長方形の形状、ややウェーブがかっていて、硬く、密度が詰まっており、表面は滑らかではなくザラザラしていて、噛み締めると小麦の味わい&風味が濃く、パンのような甘さがある麺なのだ。他のどこにもないオリジナリティをもった唯一無二の麺。

『二郎』の麺の製法をひと言で説明すると……「オーションという精製度の低い強力粉一〇〇%で、低加水率で練られた超極太麺」。

これだけで製麺に詳しい人なら「……は？　ありえねぇぇぇぇぇ！！！？？？？」ってなるはず。製麺には、少なくとも［使用する小麦の種類］［加水率（小麦粉に対して水を加える割合）］［麺の形状&太さをどうするか？］という三要素があり、それぞれの要素で

〝常識的な範囲〟というのがある。その三要素のうち、一要素だけが常識ハズレとかなら分かるんだけれど、『二郎』はその三要素すべてが常識ハズレでぶっ飛んでいる。だからどこにもない麺なのだ。

先ほど『二郎』の麺は、「オーションという精製度の低い強力粉一〇〇%で、低加水率で練られた超極太麺」と説明したけれど、

一．〝精製度が低い〟
二．〝強力粉〟
三．〝低加水率〟
四．〝超極太麺〟

の四つの要素に分解して詳しく説明していこう。

一．〝精製度が低い〟とは？

小麦粉というのは、等級（グレード）が振り分けられており、それは「灰分値」という

［小麦粉中の含有ミネラル量］によって定められている。

小麦の外皮により近い部分も精製することによって、精製度が低くなるため等級も低くなる。そして、外皮にミネラルが含まれているので、〝精製度の低い小麦＝灰分値（ミネラル含有量）が高い〟となる。

分類の値としては、

〈小麦粉の等級・灰分値（％）〉

特等粉　〇・三〜〇・三五
一等粉　〇・三五〜〇・四五
二等粉　〇・四五〜〇・六五
三等粉　〇・七〜一・〇
末粉　　一・二〜二・〇

灰分値が多いほど等級が低くなり、味への影響としては灰分値が高いほうが、発色面においては灰色が強くなり、小麦の風味が強くなる。また、外皮に近い部分も含まれているため値段も安くなる。

ちなみにオーションの灰分値は［〇・五二％］。二等粉にあたり、これが『二郎』の麺から強烈な小麦の香りを感じられる秘訣であり、等級が低めの粉を使うことで同時にコストも抑えている。美味しいだけでなくコスト減まで実現させている点にすさまじく痺れる！

二．〝強力粉〟とは？

小麦粉は、大まかに四種類に分類されている。

〈小麦粉の分類・たんぱく質含有量（％）〉

分類	たんぱく質含有量（％）
薄力粉	七・〇～八・五
中力粉	八・五～一〇・五
準強力粉	一〇・五～一一・五
強力粉	一一・五～一三・五

［小麦粉中のたんぱく質含有量］によって粉の種類が分類され、たんぱく質が多いほど、より［グルテン］が形成されやすくなる。

このグルテンはいわゆる［麺の筋肉］のようなもので、麺の独特の弾力や、延性を生む。つまり、麺のたんぱく質量が多いほど、コシの強い麺ができる。

ちなみに、オーションのたんぱく質含有量は［一三％］で、強力粉の中でも、さらに高い！　たんぱく質含有量が多いオーションで麺を打つので、歯応えが強力な麺が作られる。

三．〝低加水率〟とは？

麺というのは基本的に小麦粉を水で練って作られる。

小麦粉に水を加える量の割合、それを加水率と呼ぶのだが、加水率が高ければ麺はフワッとしたやわらかい食感に仕上がり、加水率が低ければ麺はギュッと詰まって硬い食感に仕上がる。

麺の種類と加水率の関係について数値で見てみよう。


〈麺の種類・加水率〉

うどん　五〇％前後
一般的な中華麺　三五〜四五％

二郎麺　　　三〇～三五％

「たった何％の違いじゃん？」

って思われるかもしれないけれど、たった一％違っただけでも仕上がりが違ってくる。

そして、加水率が低いと、小麦粉をまとめたり、伸ばしたりするのが難しくなり、麺にするためにすごく強い力が必要になってくる。つまり、強い圧力をかけて、麺を押し固めていく作り方をするから『二郎』の麺は［麺の密度が高い］。それもポイント！

ちなみに、低加水率の麺の代表格といえば、博多豚骨ラーメン。バリカタでオーダーするとしっかり硬くてバキバキした食感になるのだが、あれは単に茹で時間が短いから硬いわけではなく、加水率が低いことも大いに関係しているのである！

博多ラーメンは極細麺なので、低加水で硬い麺でも食べやすいけれど、『ラーメン二郎』の麺くらいの超極太麺を低加水で作ったら、超ハードな食感になるのは自明の理！

四．〝超極太麺〟とは？

超極太麺に関しては、見てのとおり。なぜ、あの太い麺ができたのか？

それについては、製造上ふたつのポイントがあって……。

まずは［切り歯］。

麺というのは、大きな麺の帯を作って、それを一定間隔に歯がついたローラーに通して、麺を切り出していくのだが、その歯の感覚によって麺の太さが決まる。

〈一般的な番手での麺の太さ基準データ〉

- 極太麺→一四番手（約二・一ミリ）
- 太麺→　一六番手（約一・九ミリ）
- 中太麺→一八番手（約一・七ミリ）
- 普通麺→二〇番手（約一・五ミリ）
- 中細麺→二二番手（約一・四ミリ）
- 細麺→　二四番手（約一・三ミリ）
- 極細麺→二八番手（約一・一ミリ）

しかし、『二郎』はそのさらに上を行く一二番手（約二・五ミリ）、一〇番手（約三・〇ミリ）……を使用している超極太麺。

そして、前掲の［麺厚］も通常の麺に加えて厚みがあるため、［横幅が広い×麺の厚みが高い］によって、当時の市場には存在しなかったであろう、常識ハズレの超極太麺が出来上がった。

［総論］

先述した要素をまとめてみよう。

・〝精製度が低い〟＝小麦の香りが強い
・〝強力粉使用〟＝麺のコシが強い
・〝低加水率〟＝小麦の密度が高く、弾力が強い
・〝超極太麺〟＝歯応えが強い

という【四強】麺！！！

しかし……これだけ、強い麺に合わせるスープとなると、この麺に負けないような強さを求められる。では、それだけの強いスープをどうやって作ったのか？

『ラーメン二郎』の〝スープ〟はなぜうまいのか？

まず、『二郎』のスープの作り方だが、実はいたってシンプル。

［二郎のスープの作り方］

一．継ぎ足してきたスープに豚のゲンコツと、背骨、背脂、ニンニクを六時間程度煮込み、途中で「ブタ」用の肉を加えて九〇分～二時間煮込む
二．醤油とみりん風調味料を混ぜたタレに一の「ブタ」を漬け込む
三．二のタレにうま味調味料とスープを加える

とにかくシンプル。こんなシンプルなのになぜ美味しいのか？

［潔さ］

ラーメンのスープ作りを研究してきた者にとって、前記のシンプルかつ、本質をガッチリ突いた作り方で素晴らしいと惚れ惚れしてしまう。シンプルながらにスープに使われる素材一つひとつが実に合理的に作用し合っている。

そして、それぞれの素材の特徴と役割としては、

「豚ゲンコツ（豚の大腿骨）」

↓豚ゲンコツに含まれる骨髄を溶かし出すことによって、〝まろやかなうま味の抽出〟〝ゼラチン質の抽出〟が行われる。

「豚背骨」

↓原価が安く、うま味が早く出る。〝シャープなうま味の抽出〟が行われる。

「豚背脂」

↓スープに入れることによって〝油脂分の抽出〟〝ゼラチンの抽出〟が行われる。

「豚肉」
↓スープに入れることで〝肉由来のうま味を抽出〟し、豚自体は、「ブタ」として、具にする。

「ニンニク」
↓スープに入れて〝豚の臭み消し〟を行なう。

となり、ここから『ラーメン二郎』のスープにおける方程式が導き出される。

【豚肉のうま味×3＋ゼラチン＋油脂－臭み】

この無駄が削ぎ落とされた潔さが、『二郎』の実直・剛直なスープの味の秘訣といえよう。

［乳化］

乳化とは簡単に説明すると「油と水を混ぜ合わせる」ということ。
油というのは水には溶けない性質があり、水に油を入れたら二層になって、ぐるぐる混ぜると油が小さな球になるのだけれど、そのうちまた二層に分かれてしまう、という風に決して自然には溶け合わないもの。

しかし、水分中で小さくなった油の球をできるだけ長く小さな球のままとどめておくことが〝乳化〟。

マヨネーズは、乳化の代表例で、酢とすごく小さくなった油の球が混ざり合ってクリーム状になったもの。そして、水と油を乳化させるためには「乳化剤」が必要であり、乳化剤には水と油の球をくっつける作用がある。マヨネーズは、酢（水）と油を、卵が乳化剤となってくっつけているという仕組みなのだ。

さて、『二郎』における場合の〝乳化〟とは？

【豚肉のうま味×3＋ゼラチン＋油脂－臭み】

この式の、〝うま味が溶けた水〟と〝油脂〟を〝ゼラチン〟が乳化剤となって、くっつけている。

スープを乳化させることにより「コク」が生まれ、またスープにも「トロミ」がつき、あの超極太麺にうまく絡むようになる。乳化は実に偉大！

[豚肉のうま味を使い尽くす]

これもホントにすごい。ポイントはふたつあって、

一. スープとして煮出した豚骨で二番だしをとる

『ラーメン二郎』にはスープ用の大きな寸胴がふたつあって、ひとつはメインスープ、もうひとつは二番だしスープ。

メインスープ寸胴の中で豚骨(ゲンコツ&背骨)を六時間煮出して、その豚骨を取り出して別の大きな寸胴に入れて、水を加えてまたスープをとる。これが二番だし。

メインスープはお客さんに出すためどんどん減ってくる。

そうしたら、メインスープの中にまた新たな豚骨を入れるのだけれど、そのときに水を加えるのではなくて、二番だしを加える。

このようにして、ひとつの豚骨から徹底的にうま味を絞りとる!

二. 「ブタ」を醤油ダレにつける

『二郎』では、スープの中で煮込んだ豚の腕肉を醤油ダレにドボンとつけて、その醤油ダ

レがしっかりつかった豚の腕肉を「ブタ」として豪快にラーメンの上に載っけている。スープで煮た豚の腕肉をタレに入れることで、タレにまで豚肉のうま味を溶かし出す。そう！『二郎』は一滴たりとも豚のうま味を無駄にしない！

うま味の計算

このうま味の計算が本当に『二郎』は優れている。

『二郎』の名物のひとつとして、うま味調味料をスプーンに山盛りドバーッと入れる光景が挙げられるだろう。でも、「あれだけの大量のうま味調味料を入れて、全体のバランスを取る」のが本当に難しい……！

あのうま味調味料に負けないだけの、圧倒的なうま味をぶつけてバランスを取るしかない。そのために『二郎』では、豚のゲンコツも、背骨も、通常のラーメン屋の何倍も入れる。そして、「ブタ」も大量！

『二郎』の「ブタ」＝ラーメン屋の「チャーシュー」であるならば、『二郎』の「ブタ」は軽く普通のラーメン屋の五〜八倍くらいのボリュームがある。その「ブタ」をスープとして使っているので、普通のラーメン屋より五〜八倍の豚のうま味がスープに抽出されることになる。これが秘訣！
そして、豚肉のうま味は〝イノシン酸〟であり、〝グルタミン酸〟と合わせることにより、相乗効果が生まれて、それぞれを単体で味わうよりもはるかに強いうま味を感じることができるのだ。この、

【常識ハズレの量のグルタミン酸×通常のラーメン屋の五～八倍以上のイノシン酸】

をぶつけたのが、『二郎』のうまさの秘訣である。

［脂肪分］

『ラーメン二郎』のラーメンには大量の豚の背脂が溶け込んでいる。さて、ではなぜ脂肪が多いことが人気につながるのか？　それには、三つの考察がある。

一．人間は脂肪が大好き

人間が生まれてから初めて口にするものは母乳。そして、母乳には脂肪分が多く含まれており、その本能的な潜在意識に働きかかるのが脂肪の味である。さらに、原始時代、狩

猟によって食物を得ていた人類は、長い冬を越すために脂肪を蓄えることが生死に関わるほど重要なことであった。そのため脂肪は特別に重要な成分なのである。

二．脳のメカニズム

人間は、大量に脂肪分を摂取すると、ドーパミンと、脳内麻薬：エンドルフィンが分泌される。『二郎』は、その大量の油脂分によって単に「美味しい」だけでなく、脳の「快感」にもつながる体験を提供しているのだ。これが、俗に言う「二郎中毒」の秘密。

三．乳化によって食べやすくなる油脂分

人間がいくら脂肪分が好きでも、サラダ油を直接飲むことはできない。その脂肪分を乳化させることにより、脂肪の球を極めて小さくし、口当たりを軽くすることで食べやすくしている。過言ではあるかもしれないが、ある意味では『二郎』は脂肪を美味しく食べさせることが徹底的にデザインされたラーメンと言えなくもないかもしれない。

脂肪が大好きな人間が、〝脂肪を大量に食べるタブーを犯せる場所〟。その駆け込み寺的な役割を担っているのが『二郎』なのかもしれない。

［総論］

さて、総論としては『二郎』のスープというのは、

【豚肉のうま味×3＋ゼラチン＋油脂－臭み】

という式によって成り立ち、その各項の値がとてつもなく大きい！

それらをひとつにまとめて一体感を生む〝乳化〟。

それによって、〝中毒性〟を生み出す！

この〝うま味と乳化〟こそが『二郎』のスープの美味しさの秘訣なのだ！

『ラーメン二郎』の〝トッピング〟はなぜうまいのか？

「ヤサイマシマシアブラカラメニンニクマシマシ」

こう詠唱するお客さんの顔には一種の誇らしささすら感じられる。

そして、その気前が良すぎる盛々としたラーメンを、幸福な野生動物のように夢中で喰らう。

そして、それがたまらなくうまい！！！！

では、なぜその具がうまいのか？

［ヤサイ］［ブタ］［アブラ］［ニンニク］の四つの項目に分けて説明していこう。

［ヤサイ］

『二郎』を語る上で欠かせない具が「ヤサイ」だろう。これが実に良い仕事をする。

一・『二郎』のスープの油っこさの中和

野菜の清涼感、歯応え、水分は、油も塩分も極めて多いラーメンの中でオアシスのように甘美な役割を果たす。

二. スープの油脂分による野菜のエグミのマスキング作用

野菜というのは、本来エグミ・青臭さがあり、それは生に近ければ近いほどより強く感じられる。そして、油脂分には、野菜のエグミや青臭さを感じる成分を包み込み、味覚として感じなくさせる「マスキング」という作用がある。それによって、たんまり盛られた「ヤサイ」も美味しく食べられるようになっているのだ。

三. 罪悪感を打ち消す存在

『ラーメン二郎』は肉と油が主体の超高カロリーラーメンである。しかし、山盛りの「ヤサイ」もたっぷり摂取できることにより、「これだけ脂っこいものを食べているけれど、野菜もたくさん食べているから大丈夫!」という、心の免罪符的な役割も果たしている。

[ブタ]

『二郎』の「ブタ」は、豚肉を二~三時間スープの中で煮込んで作られる。

この作り方が、調理科学の視点から見ると素晴らしい。

肉というのは、[六〇~八〇℃の間の温度帯をなるべく長く通過させること]が美味しく調理していくコツである。なぜかというと、肉のたんぱく質というのは一気に高温にしてしまうと、細胞が一気にギュッと硬化してしまい、うま味成分を外に排出してしまうし、肉の繊維がパサパサになってしまうのである。

ゆっくり火を通すことで、肉の繊維が硬くならず火が通り、肉の繊維と繊維をつなぐ硬いコラーゲンがゆっくりゼラチン化し、結果、やわらかい肉の煮込みが出来上がる。

『二郎』では、「ブタ」を一気に大量に仕込む。

一気に豚肉をスープの寸胴の中に仕込むことによって、スープの温度は下がり。「六〇〜八〇℃の間の温度帯をなるべく長く通過させること」になり、「ブタ」は極上のしっとり食感に仕上がるのだ。また、

【『二郎』のスープというのは、単なる水分ではなく乳化したスープである】

ということが、超絶に大きな影響を及ぼしている。

乳化した液体というのは、「その液体の中にたくさんの空気を含んでいる」。

そして、空気を含んでいるということは、熱の通し方が緩やかになるということなのだ。

例えば、ダウンジャケットは、中に空気をたくさん含んでいるから、空気が温度の防護壁となって冷気を防いでくれているのと同じ。

つまり、『二郎』の乳化した、たくさんの空気を含んだフワフワスープの中で煮込まれる豚肉は、スープの熱が緩やか～に伝わる。

これによりさらに肉はしっとり仕上がることになる。

これはまさに、肉の火入れ法である「低温調理」を行っているのと同じで、その理論が確立されていないときからこれだけ理に適った調理をしているのが本当にすごい。

［アブラ］

『二郎』では、とにかく豚の背脂を大量にスープ寸胴に入れて煮込む。その煮込まれた背脂を包丁で細かく切ってさらに煮込む！　そして、ふるふるになった背脂はトッピングとして、ラーメンの上に豪快に載せられる。

これはもはや〝豚の角煮〟に近い。『二郎』では、トロける脂身が無料トッピングで食べられるようなものである。

［ニンニク］

「ニンニク入れますか？」

これが『二郎』の代名詞ともなっているほどに有名なキャッチフレーズだろう。

そして、ニンニクを入れた『二郎』のラーメンは、鬼に金棒と言わずもがな、最高の相性だ。

では、なぜニンニクが『二郎』に合うのか？　を科学的に解説しよう。

ニンニクというのは、「アリイン」という物質が含まれており、「アリシン」という物質になる。

そして、アリシンは、ビタミンＢ１と出会うと「アリチアミン」という化合物が生成される。

『二郎』のスープは豚が主体、と説明したが、ビタミンＢ１は豚に数多く含まれる。

つまり『二郎』というのは、ニンニク（アリシン）と、ブタ（ビタミンＢ１）が出会い、ガンガン「アリチアミン」を生成しているわけ。

そして、「アリチアミン」というのは、

【疲労の蓄積を防ぐ】

という効果が！

つまり、『二郎』は天然のサプリメント！

そんな身体に良い成分まで含んでいるから、人間は潜在意識的に「ニンニク入りの二郎」をうまい！　と感じるのだ。

［総論］

あまりに無骨すぎるビジュアルと、飾りっ気のない具材だが、「ヤサイ」による塩気&脂っこさの中和効果、「ブタ」の火入れの巧みさ、「アブラ」の高いコストパフォーマンス、ニンニクの効能、という効果や秘訣が極めて合理的に散りばめられていたのだ。

『ラーメン二郎』の「ブタ入りラーメン」（＋ヤサイ・アブラ・ニンニク）はなぜうまいのか？ ～結論～

結論として、『二郎』のラーメンを食べたときに「美味しい！」と感じさせる要素は、ふたつのポイントによって説明できるのではないかと思う。

［一体感］

日本料理の世界では、〝丼〟の命は〝一体感〟だといわれている。

例えば、丼ものに卵とじがあるのは、卵のトロミによって、具・割り下・飯の一体感を求めたことから発想されている。

ラーメンは丼に入れられた料理なので、やはり丼の中での〝一体感〟が美味しさにとっての重要な要素であることは変わらない。

さて、『二郎』のラーメンを〝一体感〟という視点で捉えてみよう。

あの超極太麺との一体感を求めるのならば、相応の強さのスープを求められる。
では、スープの［強さ］とは何か？

［強さ］＝［塩気］＋［油脂分］＋［うま味］

として考えたときに、

［塩気］
『二郎』ラーメン（小）の食塩相当量は［四・六グラム］であるらしく、通常の醤油ラーメンは［三・四グラム］。驚きの［一・二グラム］の差！
ここで、「たった一・二グラムの差じゃん？」って思われる方もいるかもしれないが、それは違う！　料理を作る上で、一・二グラムの塩というのは、相当なもの。
料理における最適な塩分濃度は［〇・八％］といわれていて、一・二グラムの塩を使用して、〇・八％の塩分割合にすると、何グラムの食材量に相当するのか？

一〇〇÷〇・八＝一二五　一・二×一二五＝一五〇

そう、つまり［一五〇グラム］あたりの食材量に相当する！

通常のラーメン屋の一人前あたりの麺量が一六〇グラムなので……。
約一人前の麺を適切な塩分量にできる量とほぼ同じなのだ！
いかに、『二郎』のラーメンの塩分量が多いかが分かる。

［油脂分］
『二郎』ラーメン（小）の脂肪量は［一〇七・六グラム］、通常の醤油ラーメンは［二一・八グラム］。
つまり、約五倍！

［うま味］
『二郎』のラーメンのうま味を計るスコアはないけれど、『二郎』では使用するチャーシュー（「ブタ」）が、一般的な醤油ラーメン屋の五〜八倍。
このチャーシュー（「ブタ」）はスープで煮込むため、豚肉由来のうま味成分：イノシン酸は、通常のラーメン屋の五〜八倍溶けている、と考えられる。
そして、使用する化学調味料：グルタミン酸も五〜一〇倍くらいは使用していると思われる。そのため、全体でのうま味量は少なくとも、通常のラーメン屋の五倍は超えると計算できる。

さて……

［一・二グラム多い食塩］＋［五倍の油脂分］＋［五倍以上のうま味成分］

は、［超極太麺］に合わせるにふさわしい［強さ］を兼ね備えていると言えるのではないだろうか？

そして、そのスープの強さがあってこそ、大量の「ヤサイ」を受け止めることができ、「ヤサイ」からは「サッパリ感」も付与されている。

そして、「ブタ」もスープやニンニクとの相性が科学的観点から見ても素晴らしい！　これは先ほど説明したとおり。

これらのすべてにおいて好相性の要素が絡み合い、あの一体感が生まれている。この全体の一体感と、［強さ×強さ］のハイブリッドなバランス感が『二郎』の美味しさの秘密なのだ！

［食感］

実は、『二郎』の美味しさは、「食感」の面からも説明ができる。

『二郎』の麺は超極太の硬麺で、上にシャキシャキ「ヤサイ」が載っている。

それを、一気にすすりこむと、口の中で麺・「ヤサイ」が跳ね回り、口の中にたくさんの物理的刺激を与える。これにより、口内の喉の入り口付近の天井部分にあたる「軟口蓋」という部分が刺激される。

実は、この軟口蓋という部分、生殖器と同じくらい敏感といわれている器官なのだ。

軟口蓋が刺激されることにより、脳内麻薬β－エンドルフィンが分泌され、「また食べたい！」という中毒性につながる。

『二郎』の超極太麺によるワシワシ食感と、豪快な「ヤサイ」のシャキシャキ感によるコンビネーション。この唯一無二の食感が、『二郎』の美味しさの秘訣であり、他の追随を許さぬ独自性でもある。

＊＊＊

そして、実は、もうひとつ語りたいことがある。

ずいぶん昔に、『ラーメン二郎』のとある店長と『二郎』について熱く語ったことがある。

そのときに店長が、

「東山くん、僕はね、二郎のラーメンっていうのは、ラーメンというより〝めし〟だと思っているんだわ。めしだからたくさん食べてほしいし、野菜もたっぷり摂ってほしい。そして、毎日食べても食べ飽きない、何度も食べたくなる味を目指しているんだ」

と仰られた。強く感動したし、その感動は今でも忘れられない。

その店長は「ブタ」と「ヤサイ」の盛りが豪快で有名な方だったけれど、その真意にはお客さんに対する深い心遣いと、「愛」が隠されていたのだ……! 今まで、科学的なアプローチをもっていろいろと説明をしてきたけれど、本当の『二郎』の美味しさの秘密は「愛」なのかもしれない。さすがに「愛」だけは科学的に説明できないので、ここで筆を擱かせていただく。

2

『天下一品』の「こってりラーメン」はなぜうまいのか？

以前、『天下一品』の社長が「お客様の7割がこってりラーメンを頼む」と話していた。著者自身も「あっさり」を一度も頼んだことがないらしい。やはり本稿も「こってり」に照準を絞ったドロっとした濃厚な分析となった。

『天下一品』との出会いとは？

『天下一品』の発祥は京都・一乗寺。全国約二一〇店を展開するラーメンチェーンである。

僕と『天下一品』との出会いは大学三年生の頃だ……。

僕の食べ歩き遍歴は中学生から始まっている。高校生の頃には、なけなしのお小遣いを使って、埼玉から東京まで遠征して気になるラーメン屋巡りをしていた。

そんな早熟ラーメンボーイにとって、『天下一品』のイメージは「だってチェーン店でしょう？　チェーン店が個人店より美味しいわけがない」と、若気の至りゆえ、敬遠し続けていた。

そんな中、アルバイト先の先輩に連れられて『天下一品』に初訪問。

一口食べて雷に全身を貫かれた……。

『天下一品』
創業／1971年（屋台として）
1号店／北白川（京都府京都市）
店舗数／約210

「な、なんだこのスープの濃さは！！！！？？？？」

「ドロドロ」と表現すべき、すさまじい濃度！　その濃厚スープがこれまた麺によく絡みまくる！

既存のラーメンに対する概念を完全にぶち壊された。

こんなに濃いラーメンが存在するのか？　そして、このクオリティをチェーン店で!?　などさまざまな驚きが頭を駆け巡った。

あまりにハマりすぎて、その二年後には京都の本店まで聖地巡礼に行くほど。

それでは、『天下一品』のラーメンがなぜうまいのか？　を解説していこう。

『天下一品』のラーメンは二種類の味がある。

「こってり味」と「あっさり味」である。初めに断っておくが、僕は『天下一品』に数え切れないくらい通っているけれど、「こってり味」しか食べたことがない。

もちろん「あっさり味」も食べてみたい。しかし、「こってり味」が好きすぎて、「こってり味」の引力に逆らえない。

したがって、『天下一品』の「こってり味」はなぜうまいのか？　という説明に限らせていただく。

『天下一品』の〝こってりスープ〟はなぜうまいのか?

まず、なんといってもあのスープの濃度だろう。

ラーメンチェーン店の中では断トツの濃度だと思う。むしろ、超濃厚なスープの個人店が増えている中においても、ラーメン界トップクラスの濃度ではなかろうか。

そして、濃厚なスープが増えたラーメン界の中でも、「天下一品みたいなスープ」というのは他にない。

それほどまでにオリジナリティが高い。

スープを濃厚にするにはいくつかの方法がある。

例えば、大量の豚骨を強火力で煮込み続けて骨髄を溶かし切り濃厚にする、が一番有名な方法だろう。

だけれど、それはチェーン店では難しい。

というのも、それだけ濃厚な豚骨スープを炊くのは高い技術力が必要であり、品質の画

一化を図るのも難しいからだ。

品質の画一化はチェーン店にとって一番大事な要素だ。

そこで、『天下一品』はまったく別の方法を編み出した。

鶏ガラを徹底的に煮てゼラチン質を抽出し、さらに野菜もとことん煮込むことでスープの濃度を上げたのだ。

今でこそ「ベジポタ」という手法として確立されているが、当時このレシピを作り上げたのはすさまじい発想力！

そして、うれしい副作用があった。

濃度を鶏のゼラチン質や野菜によって作り上げることにより、豚骨スープよりも〝軽い仕上がり〟になったのだ。

豚骨でスープを濃厚にした場合、骨髄やガラに含まれる油脂分が溶け出し重たくなる。

豚骨スープはその重たさによりリッチな味わいに仕上がっているのだが、『天下一品』は〝濃厚だけれど重たくない〟という画期的なスープを作り上げたのだ。

これはもはや〝天下一品というジャンル〟がラーメン界に誕生したことに等しい。

『天下一品』の〝麺〟と〝スープ〟はなぜ合うのか？

『天下一品』の麺は中太の縮れ麺で「小麦の風味が控えめな麺」である。

ラーメンにおける麺といえば、「小麦の風味がしっかり感じられる」「噛み締めると小麦自体の甘さを感じられる」という褒め言葉をよく聞く。

では、小麦の風味が控えめな麺、というのはよくない麺なのだろうか？

答えはノー。ラーメンというのは〝調和の料理〟である。丼の中で各パーツが調和したときにこそ完全な美味しさを発揮するもの。

『天下一品』の超濃厚なスープに、小麦の風味が控えめな麺を合わせることで、スープの味を完璧＋ストレートに伝えるのだ！

しかも縮れ麺であることも合わさって、スープと麺がとんでもなく絡む！

麺はスープを口に運ぶための装置、と言わんばかりの絡み具合。

通常、これだけ濃厚なスープには極太ストレート麺を合わせるのがセオリーだけれど、

『天下一品』のスープは〝濃厚だけれど重たくないスープ〟なのだ。

だから麺の主張が強くなくても、大量のスープが口に運ばれようが、美味しいバランスを保つことができる。

常識にまったくとらわれない麺とスープのバランス感。イノベーティブとしか言いようのないオリジナリティ……。

『天下一品』の〝からし味噌〟と〝にんにく〟はなぜうまいのか？

「こってりラーメン」を三分の一ほど食べたら、必ず〝からし味噌〟と〝にんにく〟を入れてほしい。

このふたつの調味料の功労といったら百万石の褒賞モノである。
まずからし味噌の味をひと言で説明するなら、「ピリッと辛くてしょっぱめな味噌」。濃厚でクリーミーな『天下一品』のスープにからし味噌が入ると、一気に味が引き締まる！

このクリーミー夢心地からの、いきなり一喝を入れられるような刺激がなんとも心地よい！

そして、にんにくだが、醤油&唐辛子で味付けされた刻み生にんにくである。

このにんにくの刺激的な香りがスープに三次元の奥行きを与えてくれる！ しかも、スープのうま味もさらにアップ！

このふたつを入れたときに、『天下一品』のラーメンは完成するものだと思っている。

『天下一品』の〝ライス〟はなぜうまいのか？

『天下一品』のラーメンを食べるときに〝ライス〟をセットにするのは当然の義務である。ライスを頼まないなんて、カツ丼のご飯抜きに等しい。

世の中にライスが進むラーメンというのはたくさんあるが、『天下一品』はその最高峰だろう。

先述したとおり、ラーメンにからし味噌やにんにくを入れると塩分濃度とうま味がかな

り上がる。

そのしょっぱうまいラーメンをおかずに白米をかき込むときの幸福感といったら……あぁ……とんでもない愉悦である。

『天下一品』のラーメン自体は実はそれほどボリュームが多いわけではない。それは、確実にライスをセットで食べさせるという意志が介在しているからだろう。

お腹に余裕がある人は、「こってり唐揚げ」を注文して、「こってり唐揚げ」を『天下一品』の濃厚ソースにディップして、ライスと一緒に食べてほしい。

普通のラーメンスープに唐揚げを浸そうものなら、カラッと揚がった衣が瞬時にビシャビシャになるが、『天下一品』の濃度なら程よくサクサク感を保ってくれる。

『天下一品』の「こってりラーメン」はなぜうまいのか？ ~結論~

『天下一品』のスープは、もはやスープではない。

麺やライスを美味しく食べさせる〝ソース〟なのではないかと思う。それこそがあのうま味の強さと濃度の高さを端的に説明するのに最も相応しい言葉ではないか。

しかし、これだけオリジナリティが高く、未だに他の追随を許さぬほどに個性的なラーメンを一九七五年に作り上げていたとは、本当に恐れ入るばかりである……。

3

『蒙古タンメン中本』の「北極ラーメン」はなぜうまいのか？

複雑な辛み
唐辛子を複数種ブレンドし、さまざまな唐辛子を使い分けることで美味しさが作り出される
辛うま味噌
唐辛子のうま味＋味噌のうま味によって、さらにうま味を増強させて“辛うま”の輪郭がはっきりする
唐辛子と野菜の甘み
［唐辛子の甘さ＋野菜の甘さ］によって、うま味と辛みとのバランスがうまく取られている

東京都板橋区で誕生した『蒙古タンメン中本』は、自ら「辛うまラーメン日本一！」というキャッチフレーズを掲げている。その複雑な辛みと同居する圧倒的なうま味、すなわち甘みの正体に著者が迫る。

『蒙古タンメン中本』との出会いとは？

辛いラーメンを売りにするラーメン店は数あれど、『蒙古タンメン中本』は辛いラーメン界のトップを走り続け、他店の追従を許さない圧倒的な個性！　セブンイレブンとコラボしたカップラーメンはレギュラー商品化し、確実に日本のうま辛偏差値を爆上げしている偉大な存在だ。

一時期、病的なまでに『中本』にハマって、週四ほどで「北極ラーメン」or「冷やし味噌ラーメン」を食べていた。もう〝美味しい〟という感情を飛び越えて〝幸福〟なのだ。確実に『中本』でしか得られない栄養成分があると断言できる。

なぜこんなにも辛いラーメンを食べて、こんなにも幸福になれるのか？　そこには科学的な秘密がたくさん詰まっていたのだ……。

『蒙古タンメン中本』
創業／1968年（ボルシチ店として）
1号店／上板橋（東京都板橋区）
店舗数／約30

〝辛いもの〟はなぜうまいのか？

『中本』では「辛うま」を謳っているけれど、科学的にも〝辛さ〟が〝うまさ〟につながっているのだ。

実は、唐辛子というのはものすごいうま味成分を含んでいる。しかもそのうま味成分は、日本人が大好きな、グルタミン酸。

うま味のスコアで説明すると、

〈グルタミン酸含有量〉
唐辛子：一六三ミリグラム／一〇〇グラム
トマト：二三二ミリグラム／一〇〇グラム

というようにトマトに迫るスコア！　これは、本当に驚きで、トマトというのは多量のグルタミン酸を含んでいる食材で、世界中でトマトソースの料理が多いのも、グルタミン酸が好まれているからである。他の例だと、コンソメスープは［牛のスネ肉（イノシン酸）×トマト（グルタミン酸）］といったかたちでトマトのグルタミン酸が有効活用されている。そのグルタミン酸界のエースに追従する唐辛子は隠れたダークホース的な存在。そんなうま味をたっぷり含んだ唐辛子を『中本』では大量に使う。親の仇のごとく使う。だから大量のうま味がスープにたっぷり溶け込む！　これが「辛うま」の秘訣なのだ！

『蒙古タンメン中本』の〝辛み〟はなぜうまいのか？

『中本』の一番辛いラーメンを食べていても、辛さが一本調子ではなく〝複雑な辛さ〟を感じる。『中本』では唐辛子を複数種ブレンドしてあり、さまざまな唐辛子を使い分けることであの美味しさを作り出している。

実は唐辛子は、栽培される土地の温度によって辛み・甘みのバランスが変わる作物であ

り、

・暑い地域で育てられた唐辛子：辛みが強く、甘みが弱い↓シャープな辛み

・寒い地域で育てられた唐辛子：辛みが弱く、甘みが強い↓やわらかい辛みと甘み

となる。

だから、ハバネロ系の超激辛唐辛子は中南米などの熱帯で育てられ、韓国産唐辛子は日本よりも寒い地域で育てられるから鷹の爪（日本産唐辛子）よりマイルド。

つまり、韓国産唐辛子であれば、大量に使用しても辛みを抑えつつ、うま味をたっぷりスープに溶かし込むことができる。『中本』では唐辛子をたっぷり使うゆえに、唐辛子の研究&分析がものすごいと感じる。

これはあくまで僕の予想だが、韓国産唐辛子系の辛みが抑えられていてうま味の強い唐辛子をブレンドすることで、大量のうま味成分をスープに溶かし込んでいるのではないだろうか。

『蒙古タンメン中本』の〝味噌〟はなぜうまいのか？

『中本』は、スープの味のベースを醤油でなく、味噌で味をつけている。ここにも、〝辛うま〟の秘密が隠されている。味噌というのは、実はかなりたっぷりのうま味を含んだ調味料なのだ。しかもそのうま味は、再び登場！　グルタミン酸！

そのスコアの違いを醤油と比べてみてほしい。

〈グルタミン酸含有量〉

豆味噌：三三〇〇ミリグラム／一〇〇グラム

米味噌：二二〇〇ミリグラム／一〇〇グラム

醤油（こいくち）：一六〇〇ミリグラム／一〇〇グラム

醤油（うすくち）：一三〇〇ミリグラム／一〇〇グラム

って感じで、かなりの開きがある。しかも、味噌は醤油よりも塩分含有量が少ないから、同じ塩分濃度を目指したときに味噌のほうを多く使うことになり、うま味成分がさらにプラスされることになる。

『中本』では、

【唐辛子のうま味＋味噌のうま味】

によって、さらにうま味を増強させて〝辛うま〟の輪郭をはっきりさせているのだろう。

『蒙古タンメン中本』の〝甘み〟はなぜうまいのか？

『中本』のスープは、実は〝甘み〟を非常にうまく活用しているラーメンでもある。〝甘み〟というのは、料理をする上で非常に魅力的な要素であり、味のバランスを整えるのに大役を担っている。『中本』のケースに当てはめると、「うま味のボディの増強」＆「辛み

のマスキング」という役割を担っている。うま味というのは、味覚の認識上、甘みに少し似ている部分があり、甘みが加わることで、うま味のボディを厚くし〝コクのあるうま味〟を作り出すのだ。

では、『中本』の〝甘み〟はどこから来ているのか？

・唐辛子の甘み

唐辛子というのは、実は甘みも多く含んでいる素材である。

以下のスコアを見ていただきたい。

〈ブリックス値＝糖度〉

唐辛子：八〜九

トマト：五〜七

ちなみに、みかん［ブリックス値：一〇〜］が一般に流通しているものなので、唐辛子が実はかなり甘みを含んだ素材であることがお分かりいただけただろうか。

・野菜の甘み

『中本』では調理工程で、加熱した中華鍋で野菜を炒めて、そこにスープを入れ、スープで野菜を煮込んでから麺にかけるメニューが多くある。その工程で、野菜に含まれる甘み成分がスープに溶出する。この野菜の甘み成分のスコアについては計算することができないが、しゃぶしゃぶを食べた後の鍋のスープの甘さを思いだしてほしい。かなりの甘さを感じるはずだ。あれだけの甘さを野菜は含んでいて、その甘みを意図的にスープに溶かし込んでいるのだ。

こうして、［唐辛子の甘さ＋野菜の甘さ］によって、うま味と辛みとのバランスを取っているのだ。

『蒙古タンメン中本』の「北極ラーメン」はなぜうまいのか？ ～結論～

いまさらだが、『中本』のラーメンは本当に辛い。特に「北極ラーメン」なんてとんでもなく辛い。しかし、その辛さが『中本』の中毒性の要因なのだ。最後にその説明をしよう。

通常であれば、すごく辛い料理を食べたときには、身体は拒絶反応を示すものだ。しかし、『中本』のラーメンは〝うま味が強い〟ので、そのうま味を求めてどんどん食べ進めてしまう。そうして、どんどん「辛み＝痛み」が蓄積されていくと、脳内でアドレナリンが大量に出て興奮状態になる。そうなると、それを抑える脳内物質である「エンドルフィン（モルヒネと同等といわれるホルモン）」も分泌され、幸福感を感じ、快感になり、中毒化してしまう。だから、『中本』にハマる人はどんどん辛いラーメンに挑戦していって、より快感を覚え、『中本』の虜になってしまうのだ。な、なんと恐ろしいラーメンだろうか！

そして、辛さのレベルを段階的に設定することで、達成感まで感じさせようとするシステム！『中本』にハマりだしたら、「いつかは北極ラーメンを食べるぞ……」と皆、野望を抱くものである。

『蒙古タンメン中本』とは、巧みに計算されたうま味のデザインと、脳内物質の分泌までも狙った恐ろしいほどにすごいラーメンなのである。

カレーはなぜうまいのか？

カレーの構造

「日本のカレー」とは？

日本は超カレー大国である。給食でカレーが当たり前のように出てきて、キャンプではみんなでカレーを作る。なんなら「家のカレーが一番好きだなぁ……」というような人もいるくらい、〝おふくろの味〟として語られることすらある！ fromインドの外国料理が、日本の郷土料理ばりの地位を確立してることは本当にすごいことだと思う。そして同時に、日本は世界一カレーの幅が広い国なんじゃないかとも思う。

インドカレーもあれば、欧風カレーもあり、さらに固形ルーを使った家カレーもあり、その他タイカレーなども含めると列挙しきれないほどの種類がある。その中でもインドカレーでも欧風カレーでもない、ジャンルでくくることが不可能というくらいに個性的なカレー店が日本にはたくさん存在する。

例えば、東京・湯島にある『DELHI（デリー）』の「カシミールカレー」などはその代表格だと思っていて、インド・カシミール地方のカレーというわけではないし、インドカレーですらない。「デリーのカシミールカレー」としか表現できない唯一無二の味わいである。

日本は「他国の食文化を受け入れる柔軟性」が世界一高い国だと思っている。世界のいろいろな国へ行って食べ歩きの旅をしたけれど、こんなにも自国以外の料理がたくさん食べられる国はどこを探しても他にはない。先述したとおり、日本の食文化におけるカレーの浸透度というのはものすごい高い。もしかしたら、お吸いものを飲んだことがある日本人よりも、カレーを飲んだこと（食べたこと）がある日本人のほうが多いんじゃないかという気すらしてくる。

それだけ〝他国の食文化を受け入れる柔軟性をもった日本の食文化〟と〝米食文化〟に〝カレーという海外の食文化〟が出会ったことで、化学反応を起こしたのが日本のカレーである！　この化学反応により、世界のどこにも、当然インドにも存在しないような、超個性的なカレー文化が生まれたのだ。

その中でも、特に個性がキラリと光るチェーン店のカレーをふたつ紹介したい。

1

『カレーハウスCoCo壱番屋』の「カレー」（＋豚しゃぶ・ハーフなす・フィッシュフライ）はなぜうまいのか？

『ココイチ』の愛称で知られるカレー専門店の売りは、なんといっても豊富すぎるカスタマイズに尽きる。5種類のカレーベース、14段階の辛さ、57種類のトッピング――。著者が考えるベスト・オブ・ベストの組み合わせとは？

『カレーハウスCoCo壱番屋』との出会いとは？

『カレーハウスCoCo壱番屋』の「カレー」はどのジャンルに当てはまるのだろう？　それは「ジャンル：CoCo壱番屋のカレー」である。僕はインドカレーをはじめ、いろいろなカレーを今まで作ってきたけれど、『CoCo壱番屋』のカレーだけはマジで作り方が分からん、ってくらい特殊なカレー。そして、めちゃくちゃうまいんだよなぁ……。あまりに『CoCo壱番屋』の「カレー」がうますぎて、日本に来るインド人もめちゃくちゃハマるらしい。そして、ついにはカレーの聖地・インドへの進出を果たした！　しかもかなりの人気があるとのこと。これはすさまじい功績だと感動し、涙腺が緩むばかり。

『カレーハウスCoCo壱番屋』
創業／1978年
1号店／西枇杷島（愛知県清須市）
店舗数／約1190

『カレーハウスCoCo壱番屋』の「カレー」はなぜうまいのか？

「カレー」のテクスチャーはサラサラとトロトロの中間のような不思議な感じ。スパイスは何かのスパイスが突出しているわけじゃないんだけれど、インドとも欧風とも固形ルーとも違う配合で、スパイシーだけれどスパイシーすぎない。味わいは日本らしくうま味がしっかり強いけれど、鰹節とかみたいな和だしのニュアンスはなくて、とにかく米とめちゃくちゃ合う。あえてひと言で説明すると〝飄々としているカレー〟。フワフワといろいろなバランスをうまく取っていて、そのバランス感がめちゃくちゃ巧み。

そして、それだけバランスが良くて、良い意味で主張しすぎていないからこそ、「アレンジの幅がすごく広い」。『CoCo壱番屋』のアレンジといえば、五種類のカレーベースのチョイスに始まり、甘口〜二〇辛までの辛さチョイス（辛さ選択できないカレーソースもあり）、そしてなんといってもトッピングの豊富さ！　実に五七種類！

どれだけアレンジしても、『CoCo壱番屋』の「カレー」としての輪郭をはっきりと主

張する。このアレンジの幅の広さこそが『ＣｏＣｏ壱番屋』の真骨頂だと思う。もっと言うと、これだけのアレンジを受け止められるカレーソースを開発した『ＣｏＣｏ壱番屋』の手腕はものすごい!

カレーソースのチョイスから始まり、トッピングのチョイスまで含めると、組み合わせはまさに無限大! 決して登りきれぬ山とは分かっていながらも、登り続けることをやめられないアルピニストのごとく、初めて『ＣｏＣｏ壱番屋』を訪問した日から二六年間、ずっと試行錯誤を繰り返し続けて導き出した僕の最適解を聞いてほしい……。

【カレー＋豚しゃぶ＋ハーフなす＋フィッシュフライ】

マジですごくうまいぞ。一度は試してみてほしい、絶対に。

『カレーハウスCoCo壱番屋』の“豚しゃぶトッピング”はなぜうまいのか？

理由を説明しよう……まず豚しゃぶトッピングをチョイスした理由だが、『CoCo壱番屋』の基本のカレーソースはポークベース。だから豚しゃぶトッピングとの相性は当然に抜群！　お互いがお互いを高め合う理想的な組み合わせってわけ。しかも、肉がたっぷり入って満足感もアップ！

『カレーハウスCoCo壱番屋』の“ハーフなすトッピング”はなぜうまいのか？

次にハーフなすトッピング。『CoCo壱番屋』のなすトッピングはシンプルにクオリティが異常に高い。素揚げしてあって、トロッとしていて、「カレー」との相性が超最高。しかも手間賃も考慮するとさらにありがたくてだな。家庭でカレーを作るときに、ナスを入れたくともわざわざ素揚げする人は少ないだろう？　それがたった八四円（税込）で楽しめるんだから、入れる以外の選択肢が僕には思いつかない。

※「ハーフなす」は現在（二〇二五年一月時点）「なす（3個）」（九〇円＝税込）に

『カレーハウスCoCo壱番屋』の〝フィッシュフライトッピング〟はなぜうまいのか？

そしてフィッシュフライトッピング。これが最も重要な最後のピースだ……。今までチョイスしたトッピングも含めた「カレー」の構成を整理しよう。ライス、カレーソース、豚しゃぶ、なす、すべて食感が〝やわらかい食材〟である。そこに〝クリスプさ〟が加わることで、食感が完璧に補完される。食感のゴールデンピラミッドが完成する。

となると揚げものをオーダーしたいけれど、豚カツもフライドチキンもちょい重たいし、何より金額が高くてためらってしまう……。その点、フィッシュフライは最高だ。クリスプな食感は当然として、肉系の揚げものに比べて軽いのだ。また、風味にクセがない白身魚は『CoCo壱番屋』の「カレー」のスパイスとも素晴らしく合う！　そして、何より一〇六円（税込）というぶっ壊れたコストパフォーマンス！　頼まない理由はひとつもない。

＊＊＊

さぁ、これだけ豪華にトッピングしておいて……総額……一一七八円（税込＝「なす（3個）で計算」）！

『CoCo壱番屋』はついトッピングを頼みすぎてお会計が二〇〇〇円近くまで膨れ上がることもよくあるけれど、一一七八円は良心的すぎる。味わいも当然極上。食感までも計算されているから、満足度はかなり高いぞ！

2

『松屋』の「カレギュウ」はなぜうまいのか？

牛丼チェーン『松屋』の「オリジナルカレー」はかなり辛い。はたして『CoCo壱番屋』を意識した上での「挑戦的な辛さ」なのか。『松屋』が辛さにこだわった理由を、著者が『ココイチ』の辛さと比較しながら探る。

『松屋』（カレー）との出会いとは？

この原稿を書いている二〇二四年一一月、とびきりホットな話題があった。それは、二〇一九年一一月に一度終売した「松屋オリジナルカレー」がレギュラーメニューに復活した、ということ。

『松屋』の創業者はカレーへのこだわりが異常に強く、「松屋オリジナルカレー」はとても全国チェーン店とは思えない攻めた味わい。チェーン店ではドロドロで濃厚な欧風カレー系が多いが、「松屋オリジナルカレー」は欧風カレーとインドカレーの中間といった感じ。濃厚だけれど、少しサラッとしていて、リッチに玉ねぎが溶けている感じがある。甘みもあるが、うま味が強くニンニク&スパイスがガツンと効いていて、刺激的な味わい！　いろいろなカレーを食べてきたけれど、他のどこにもない個性的な味わい。

『松屋』
創業／1966年（中華飯店として）
1号店／江古田（東京都練馬区）
店舗数／約1260

そして、なんといっても辛い！　あまりに辛くて、「ＣｏＣｏ壱番屋のカレーの何辛に相当するのか？」を検証してブログに書いたことがある。その結果、なんと『ＣｏＣｏ壱番屋』の「カレー」の5辛に相当することに！　ちなみに『ＣｏＣｏ壱番屋』の辛さの基準表によると、「3辛＝激辛」「4辛＝極辛」「5辛＝辛さに挑戦！」ということなので、極辛超えの挑戦レベルの辛さなので、かなりの辛さだということが分かる。でも辛いだけじゃなくて、甘み&うま味が釣り合っているから食べる手が止まらなくなるほどの中毒性がある！

この辛さが「カレギュウ」にしたときに、すさまじい相性の良さを発揮する。やや甘めな牛肉を、刺激的な辛さがビシッ！　と引き締める！　甘くて、辛くて、うまくて、止まらない！　そして食感も素晴らしい。ビーフカレーといえば、牛肉がホロホロな場合が多いが、「カレギュウ」の肉は食感しっかり！　肉を噛みしめる喜びと、カレーのうまさを両方とも高いレベルで楽しめる。カレーも牛めしも超うまい『松屋』だからできる芸当だ。

そば・うどんはなぜうまいのか？

そばの構造

「茹で置き」と「生麺」とは？

これだけ食道楽な僕だけれど、実は、一番好きな料理はそばである。そばならなんでも好き。高級店のもりそばも好きだし、立ち食いそばも好きだし、コンビニのそばも、乾麺のそばも、全部好き。そんな僕がそばの構造について語るのは、これだけで一冊の本ができるぞ？　という熱量がある。それだと本を作る上では困るので、「立ち食いそば」に的を絞って書かせていただく。ちなみに立ち食いそばというのは、実際に〝立って食べる〟お店という意味ではなく、いちジャンルの話だと思ってほしい。分かりやすく言うと「ファストフード店的なスタイルのそば店」という意味が最も近い。

まず、立ち食いそばを評価するポイントとして、肝心な麺（そば）についてだが、「茹で置き」か「生麺」かで分かれる。「茹で置き」はあらかじめ茹でておいた麺を注文後に湯がいて温めるタイプで、「生麺」は注文後に生麺から茹で始めるタイプだ。「え？　そんなん生麺がいいに決まってんじゃん？」と言われるだろう。実際、僕もそう思っていたが、ここが立ち食いそば界の奥が深いところである。立ち食いそば界では茹で置きには茹で置きの良さがあると断言できる。

例えば、〝茹で置き麺での温かいかきあげそば〟、これは最高だ。天ぷらのサクサクなクリスピーな食感&茹で置き麺のフワフワ食感のコントラストがたまらない。また、茹で置き麺はつゆをよく吸い、口の中でつゆと麺が一体になって融和する。茹で置き麺に苦手意識がある方は一度肯定的な気持ちで味わってほしい。あのやわらかさが実にクセになる。

次につゆだが、「醤油度」「塩分濃度」「だし感」「ジャンクさ」この四指標をもって評価するとグループ分けがしやすい。例えば、『名代富士そば』は「醤油度：強」「塩分濃度：やや強」「だし感：強」「ジャンクさ：強」と全体的にかなり強い！　対する『ゆで太郎』は「醤油度：控えめ」「塩分濃度：やや強」「だし感：やや強」「ジャンクさ：弱」という上品な仕立てである。町の立ち食いそば店などもこの指標を基に食べ歩くとすごく楽しいぞ！　ちなみに僕は日暮里の『一由そば』が大好き。バチバチに醤油とだし感が効きまくった最強濃いめのつゆに、太そば変更、ゲソ天&紅生姜トッピング。神です、異論は認めない。

1

『名代富士そば』の「コロッケそば」はなぜうまいのか？

ジャンクなだし
圧倒的に濃い！　このジャンクさが、そばというジャンルを超えたパワフルさにつながっている
やわらかい麺
やわらかい麺は口の中でフワッと溶けるため、だしとの一体感が出る

高級そば店にはなく、『名代富士そば』にはあるもの。それは「コロッケそば」に他ならない。著者曰く「ジャンクな」濃ゆいだしにコロッケを浸しながら食べる幸せが分かる、富士山のような佇まいの日本人でありたいものだ。

『名代富士そば』との出会いとは?

東京に住んでいる人に話すとよく驚かれるのだが、『名代富士そば』は全国チェーンではなく関東ローカルチェーンなのである。こと東京においては、『富士そば』は牛丼チェーンと同じくらいの頻度で見かけるから、てっきり全国チェーンだと思ってしまうのだ。しかしそれもそのはず、そのそばの味たるやザ・関東そば! 僕は、地方に長期出張すると無性に『富士そば』が食べたくなる。関東人にとっての故郷の味なのだ。

思い起こせば『富士そば』はいつだってStand by me. 自分の傍にいてくれた。キツい夜勤バイトの明け方、仕事が忙しすぎて朝から何も食べられなかった一五時過ぎ……二四時間営業スタイルを貫き続ける『富士そば』の慈愛の深さにいつも救われてきた。その感謝を込めて、精いっぱい素晴らしさを語らせていただく。

『名代富士そば』
創業／1966年
1号店／渋谷
(東京都渋谷区)
※『そば清』として。
閉店
店舗数／約100

『名代富士そば』の〝だし〟はなぜうまいのか?

『富士そば』の何が好きか？　と問われたら迷わず答えられる。「ジャンクなほどに濃いだし」、これが最高！　ラーメン・うどん・そば、と日本における三大麺料理の中でもそばが一番控えめな味わいではなかろうか。特にラーメンとの差は大きい。濃厚でうま味も塩分も高いラーメンに対して、そばはさっぱりとした上品な和風だしが主体である。でも『富士そば』はひと味違う……圧倒的にだしが濃い！　一般的なそばよりも明らかに塩分もうま味も強い！　このジャンクさが、そばを超えたパワフルさにつながっている。

実は、『富士そば』はかなりだしにこだわっている。防腐剤を使わず、店舗でのだし取りにこだわっている。そのためにだしを取るための専用の機械を導入しているほど。そして、醤油にもかなりこだわっている。小豆島（香川県）の醤油を使っており、醤油のうま味が濃い！　そして、僕は料理人だから分かるのだが、あのだしの色の濃さ！　醤油をかなりの割合で入れなければあの濃い色にはならない！　こだわったうま味たっぷりのだしに、う

ま味の強い醤油をたっぷり高割合で加える、これがガツンとした濃いだしの秘訣なのだ！『富士そば』のそばはフワフワしたやわらかい食感。濃いだしとやわらかい麺の相性が抜群！　やわらかい麺は口の中でフワッと溶けるため、だしとの一体感が強い。そばとだしが口内で融和して喉を通り過ぎる快感は「富士そば万歳！」と叫びたくなるほどの美味しさ。昔は「麺はシャッキリ硬めが最高」と思っていたけれど、『富士そば』でやわらかい麺の美味しさに完全に開眼した。

『名代富士そば』の「コロッケそば」はなぜうまいのか？ ～結論～

『富士そば』には魅力的なメニューが多いけれど、その中で好きなそばをひとつ挙げるとしたら迷わず「コロッケそば」を挙げる。僕はそばが大好きなので、もりそば一枚が一〇〇〇円を超えるような高級店にも行く。高級なそば店でも天ぷらそば、鴨せいろなどはあるけれど、「コロッケそば」は絶対にない。つまり「コロッケそば」は、立ち食いそばでし

か食べられない特権メニューなのである。そして、『富士そば』の「コロッケそば」は最高だ。着丼してから最初は、コロッケをだしに浸して〝具として楽しむ〟。そして後半が大事。じゃがいも主体のコロッケがだしにどんどん溶けだしていく。コロッケがだしに溶けることによりだしの濃度が上がり、とんでもなく濃厚になる！　これが薄いだしだったら、だしが完全にコロッケに負けてしまうが、『富士そば』のだしは濃い！　濃いだしだからこそ、コロッケとも完全にバランスが取れるのだ。これが〝富士そばでコロッケそばを食べる意味〟なのである。

「コロッケそば」を食べたことがない人は多いだろう。でも僕はいつだって友人に『富士そば』の「コロッケそば」を勧めてきた。その結果、食べる前は難色を示していた友人も、一〇〇％の確率でハマっている。僕を信じて一度食べてみてほしい。絶対に後悔はさせないから。

2

『ゆで太郎』の「季節のかきあげそば」はなぜうまいのか？

茹で立ての麺
茹で立てのそばは、麺が余計な水分を吸っていない分「シャッキリ感」が全然違う
「別皿添え」のかきあげ
「別皿添え」の提供によって、天ぷらのサクサク感が保たれ、なおかつだしが濁らない

『ゆで太郎』の美味しさの秘密は、“挽き立て”“打ち立て”“茹で立て”の「三立て」である、と著者は言う。立ち食いそば店でありながら、“茹で置き”せず、天ぷらも「別皿添え」というこだわりをとくと堪能せよ。

『ゆで太郎』との出会いとは？

正直に告白すると、僕は『ゆで太郎』を愛しすぎている。あまりに好きすぎて、月に三〜四回ほど『ゆで太郎』の推し店舗に行くためだけにレンタカーを借りて行くほど。

『ゆで太郎』の何がすごいのか？　それは「三立て」を店舗で完全に実現していることである。これ、本当にマジでめちゃくちゃすごい。三立てというのは〝美味しいそばの条件〟とされており、〝挽き立て〟〝打ち立て〟〝茹で立て〟の三つが揃っていること。

『ゆで太郎』では、指定の製粉所で挽いたそば粉を、毎日店で製麺しているのだ！　店舗によっては製麺室が客席から見えるところにある。そばの香りというのはとても繊細で、鮮度が命。『ゆで太郎』ではそばの鮮度が高いから、そばの香りが段違い！「もり」を注文

『ゆで太郎』
創業／1994年
1号店／みなと（東京都中央区）
店舗数／約210

して、まずはつゆをつけないで食べてみてほしい。そばの甘い芳香が鼻腔をすり抜ける！この香りに毎回うっとりしてしまう。

『ゆで太郎』の〝茹で立て〟はなぜうまいのか？

そして茹で立て。『ゆで太郎』のような立ち食いそば業態において、そばは〝茹で置き〟が基本である。立ち食いそばは全飲食業態の中でもトップクラスの回転の速さを誇るため、あらかじめ茹でておいたそばをサッと湯にくぐらせて温める、という方式を採用している場合が圧倒的に多い。茹で置きの美味しさ、というのももちろんある。しかし、茹で立てのそばの素晴らしさはやはりたまらない！　茹で立てのそばは、麺が余計な水分を吸っていない分「シャッキリ感」が全然違う。麺というのは、主成分がでんぷんである。でんぷんは水を吸うと、どんどん膨らんでいく性質がある。茹で立てのそばは、水分を吸いすぎていないため、でんぷんが膨らみきっておらず、麺のエッジがキリっと立つほどにシャッキリ仕上がるのだ。温かいかけそばでも、そのシャッキリ感は感じられるが、やはりその真価は「もり」でこそ一番発揮される。『ゆで太郎』の「もり」は控えめに言って神である。

『ゆで太郎』の「季節のかきあげそば」はなぜうまいのか？ ～結論～

僕は『ゆで太郎』に行ったら必ず「季節のかきあげそば」を頼むのだけれど、これがとんでもなく素晴らしい。

まず、毎回ちゃんと揚げ立てであるということ。これが本当にうれしい。天ぷらは絶対揚げ立てがうまいに決まっている。それだけでも十分すごいんだけれど、なんと「天ぷらは別皿添え」なんですよ……つまり「季節のかきあげそば（温）」を頼むと、かけそばと、別皿でかきあげが出てくる。これにはふたつの大きなメリットがある。ひとつは天ぷらのサクサク感が保たれるということ、そしてふたつ目はだしが濁らないということ。最初はスッキリとしただしを完璧に楽しめて、中盤からは天ぷらの油分が溶けたこってり味を楽

しめる。この二段階変化を完全にコントロールできるのだ。

まだまだ『ゆで太郎』の魅力は語り尽くせない。だしのうまさ、味変アイテムの豊富さ、ご飯系メニューの美味しさ、季節限定メニューの素晴らしさなど、とにかく奥が深いチェーン店であるため、どうか通い倒してほしい。

うどんの構造

「良いコシ」とは？

うどんとは、

【小麦粉・塩・水】

のみで構成される究極にシンプルな麺である。僕も世界のいろいろな麺料理を食べてきたし、中国でも同じ成分構成の麺を食べたけれど、味わいが全然違う。やはり〝うどんはうどん〟なのだ、と強く思った。

うどんの美味しさを評価するときに「コシがある」と表現することがよくある。ここで絶対に言いたいのは〝コシ〟と〝弾力〟や〝硬さ〟はまったくの別物であるということ。「コシが強くて美味しい！」と評価されているうどんを食べて「これは硬いだけでは？」と懐疑的な気分に度々なった。

〝うどんのコシ〟とは何だろう？　科学的にひと言で説明すると、「グルテンがよく形成されていることによって生まれる弾力」だと定義できる。

まず「グルテン」について説明したい。小麦粉に水を加えてこねることで、小麦に含まれるたんぱく質である〝グルテニン〟と〝グリアジン〟が絡み合い、グルテンという成分が生成される。グルテンは、生地に〈弾力〉〈伸び〉〈ねばり〉を与える。このグルテンがしっかり形成されていて、生地に弾力や伸びの良さが生まれることで、小麦粉の塊はようやく麺になる。

確かに麺にコシは大切だけれど、コシだけが美味しさをつくるのではない。コシはあくまで麺の美味しさを測るいち要素でしかないのだ。香川のうどんは、「フワッとしているけれど、コシがある」という感じがある。麺の表面がゴツゴツしていないから、うどんに歯を立てた瞬間はフワッとやわらかく、しっかり歯を入れるとプツンと切れる。この感覚が実に心地よい。

僕のイメージでは、グルテンは〝パイ生地状〟に形成され、網目状になったグルテンがシート状になって、そのシートが幾重にも重なっている。そして歯を立てたときに、プチプチプチッとシートが割れていく、この抵抗感こそが「コシ」の正体ではないかと。そのシート一枚一枚がより薄く、重なっている枚数が多いほうが「良いコシ」とされているのではないだろうか？

やはりうどんの命は〝麺〟であると強く思うので、麺の味わい＆食感を深く分析しながら味わうとさらに楽しくなるものである。

『丸亀製麺』の「明太釜玉うどん」はなぜうまいのか？

『丸亀製麺』は香川県丸亀市に店舗がない──。そんなトリビアなどどこ吹く風で、全国的うどんチェーン店による讃岐うどんの再現性はすこぶる高い。それを支えているのは、6点もの押しポイントがある「すごすぎる麺」だ。

『丸亀製麺』との出会いとは？

『丸亀製麺』を初めて食べたときの衝撃は今でも忘れられない。僕は子どもの頃、四国に住んでいた関係で、本場香川のうどんで育った。社会人になってからも、香川にレンタカーで遠征旅行をして一日十軒近くを回る食べ歩き旅行をしていたこともあり、讃岐うどんに対する経験値は高いほうだと自負している。

東京でもかなりの数の讃岐うどんの店舗を巡ったけれど、本場香川に近いクオリティを感じられる店はそれほど多くない。そのことからも、「やはり讃岐うどんの美味しさは、香川の気候・水などによって作り上げられるのかもしれない」と、半ば諦めに近い悟りを開いた気になっていた。そのことからも、「大手チェーンが本場香川の味わいを再現することは難しいだろう」とぼんやり考えていたから、『丸亀製麺』に積極的に行くことはなかったのだ。しかし

『丸亀製麺』
創業／2000年
1号店／加古川（兵庫県加古川市）
店舗数／約840

『丸亀製麺』を知った今、タイムマシンに乗って過去の自分に正座をさせて説教をかましたい。なんといっても麺がすごい、すごすぎる。あり得ないくらいすごいのだ……。

『丸亀製麺』の〝麺〟はなぜうまいのか?

『丸亀製麺』の麺の美味しさは香川のうどんの美味しさをかなり再現している。その美味しいポイントを言語化すると、「コシがしっかりある」「麺の表面の滑らかさ」「口溶けの良さ」「喉越しの良さ」「麺自体の甘さ」「フワフワしているけれど歯を立てると、麺の中心がぷつんと心地よく切れる」という六点が挙げられる。チェーン店でこのクオリティを提供できているのは奇跡に近いと思う。

『丸亀製麺』に行くと、入口に製麺機と麺の茹で釜が設置されているが、これはインドネシアなどの日本以外の国にある店舗でも同じであった。正直、これだけ大きな企業だから、麺はセントラルキッチンで打って、各店舗に配送するほうが絶対的にコストダウンができ

るし、定石である。しかし、あえてそれをせず、店舗製麺にこだわり続けている情熱がすごすぎる。それはまさに〝うどんは生き物である〟と捉えている証しで、うどんへの飽くなき情熱を感じる。

『丸亀製麺』の「明太釜玉うどん」はなぜうまいのか？ ～結論～

さて、麺の素晴らしさだけで話が終わってしまいそうだが、僕の『丸亀製麺』での推しメニューを紹介させていただきたい。これだけ麺がうまい&茹で立てを提供してくれるという二点から、『丸亀製麺』では〝釜玉系〟を推したい。そして、「明太釜玉うどん」。こんなの最強すぎる、ってくらい美味しい。

まず釜玉自体、すごく良くできた料理で、うどんというのは麺が太いから他の麺料理に比べて蓄熱性が高い。その蓄熱で生卵を絡めることで、卵は熱変性を起こし、トロッと滑らかな食感へと変化し麺によく絡むようになる。そのマイルドなソースに明太子の塩気&

辛みがビシッと良いアクセントを与える。

さらに明太子自体が魚介のうま味が凝縮された食材なので、うどん全体のうま味が増して、食べ応えが激増！

そこに揚げ立ての天ぷらだ。ツルツル滑らかな麺に、トロトロの卵が絡む、〝やわらかい食感〟が圧倒的に主体な世界に突如現れたカリカリ&ガリガリな〝ハード食感〟が投入されるカタルシス！

この世のすべての食感が一杯の丼の中に存在しているのでは？ なんて錯覚を引き起こすほどの食感バラエティ！ 最後は丼の底に残った明太子混じりの卵液にだしを注いで飲んでフィニッシュ。

こんな素晴らしい食体験を一〇〇〇円未満で提供している『丸亀製麺』はマジですごい。

牛丼はなぜうまいのか?

牛丼の構造

「三点のバランス感」とは？

日本の美しき〝丼〟という食文化の中でも、一番有名かつ人気なのは牛丼ではないだろうか。少なくとも最も〝庶民的〟な丼であることは間違いあるまい。僕は昔、ある企業からの依頼で、牛丼の商品開発をしたことがある。そのときに、とにかく牛丼を食べまくり、作りまくり、研究しまくった。その結果、牛丼がものすごく大好きになった。結構、異常なほど好きだと思う。

そして、日本人なら誰もが論じたことがあるであろう「吉野家、松屋、すき家、どこが一番好き」論争。これに対しては絶対的な正解はない。当然それぞれのチェーンに良さがあり、そこに優劣はない。誰もが推しの店を心の中に決めていることだろう。しかし、なぜそのチェーンが好きなのか？なぜあなたは『吉野家』が好きなのか？『松屋』が好きなのか？『すき家』が好きなのか？その愛について、もっと自信をもって答えられると、より楽しい牛丼ライフが送れるかもしれない。

そこで、僕が〝牛丼を味わうときのポイント〟を紹介させていただきたい。僕の〝牛丼の味に対する〟評価項目はシンプルに三つ。

・甘さ加減
・うま味加減
・醤油加減

牛丼の味付けの方向性は、この三点のバランス感によって決定づけられると思っている。

そして、そこに、

【チェーンごとの個性】

という別角度からの評価が加わり、その〝牛丼チェーン自体の評価〟が決定づけられる。

それでは各チェーンの、僕なりの分析&評価を発表させていただこう。

1

『すき家』の「牛丼」はなぜうまいのか？

「柔軟性」の牛丼
うま味をトップに据えながらも、甘みと醤油感のバランスが実にうまく取られている

『すき家』といえば、あの「チーズ牛丼」を世に送り出したことであまりにも有名だ。あのぶっ飛んだ商品がなければ「チー牛」なるスラングも生まれなかった。もとい、著者はその柔軟性が「牛丼」の味にも反映されているという。

『すき家』との出会いとは？

正直に告白すると、『すき家』の近くに住んでいた五年前。よく通っていたのだけれど、それほど好きではなかった。でも、最近めちゃくちゃ好き。たまに「牛丼食いたいな」ではなく「すき家の牛丼食いたいな」って衝動に駆られることがあるレベルで好き。

『すき家』の特徴を断言するなら「柔軟性」。牛丼チェーン界で一番柔軟性がある。その柔軟性が「牛丼」の味わいにも反映されている。

・甘さ加減：普通
・うま味加減：強め

『すき家』
創業／1982年
1号店／生麦駅前（神奈川県横浜市）
※『ランチボックス』として。閉店
店舗数／約1950

・醤油加減：普通

『すき家』は、もともと大手三大チェーンの中では甘めな印象だった。だが最近、再訪してみて味のバランス感がまったく変わっていることに驚いた！　うま味をトップに据えながらも、甘みと醤油感のバランスを実にうまく取っている。うま味は昆布を思わせるグルタミン酸系のうま味がドシッと強い。甘さも感じるけれど強すぎるわけではなく、醤油もキレを感じるけれど強すぎない、そのバランス感がすさまじい。僕は『吉野家』推しだけれど、この神がかったバランス感に抗えなくなりつつある。

『すき家』といえば、「チーズ牛丼」をはじめとした〝ぶっ飛んだ〟変わり種牛丼メニューをたくさん世に送り出した功績が目立つ。そのスタンスはまさに〝柔軟〟。過去、頑固路線を貫いていた王者『吉野家』の対抗馬として、新興チェーンの『すき家』が柔軟なメニューを次々に生み出していくことにたまらなくワクワクした。

時代は流れ、令和は〝多様性の時代〟。柔軟性をもって多様なメニューを生み出してきた『すき家』が現・牛丼チェーン界の王者として君臨したのは時代の流れを先取りしていたからなのかもしれない。

2

『松屋』の「牛めし」はなぜうまいのか？

「うま味爆発」の牛めし
一口食べた瞬間「うま味爆発！」という感じ。無料の味噌汁で「食べ疲れ」はリセットされる

『松屋』の看板メニュー「牛めし」は一口目のインパクトが絶大である。著者の言葉を借りれば、「うま味爆発！」。うますぎて起こる「食べ疲れ」は、無料で供される味噌汁で一気に解消される。

『松屋』（牛めし）との出会いとは？

『松屋』は僕が一番よく行く牛丼チェーン。「牛めし」自体もうまいが、生野菜、豚汁などのサイドメニューも充実している上、カレー、定食とバラエティに富んだメニュー展開が最高すぎる。『松屋』の「牛めし」の味わいの特徴は三大チェーンの中で最も分かりやすい。

・甘さ加減：やや強い
・うま味加減：最強
・醤油加減：やや強い

もうね、一口食べた瞬間「うま味爆発！」って感じ。

『松屋』
創業／1966年（中華飯店として）
1号店／江古田（東京都練馬区）
店舗数／約1260

外食業界の商品開発において、ファストフードになればなるほど「一口目のインパクト」が重視される。一口目で「うまっ！」っていう強いインパクトを与えられたら、食後にも一口目の強烈な「美味しい」という印象が残りやすいためである。

その点でいうと、『松屋』の一口目のインパクトはこの上なく最高である。しかし、これだけうま味が強すぎると「食べ疲れ」という問題が起きてくる。蓄積されたうま味はやがて臨界点を迎えて崩壊するのだが、そこで、〝味噌汁無料〟というサービスがクリティカルに活きてくる。味噌汁の汁気と温度は、食べ疲れした舌のうま味と脂肪分を洗い流してくれる。味噌汁によって食べ疲れはリセットされ、また一口目の「うまっ！」のインパクトが蘇るのである。この効果は味噌汁がある限り何度でも続く。

昔は「松屋は味噌汁無料なのがうれしいよな♪」だなんて無邪気に喜んでいたのだが、違った。僕は『松屋』の手の平の上で踊らされていたにすぎない。そう、味噌汁は『松屋』の「牛めし」を完成させる上で〝不可欠なピース〟なのである。

3

『吉野家』の「牛丼」はなぜうまいのか？

牛丼界の最古参『吉野家』のスゴさが、「変わらない味」であることに異論はないだろう。では、子どもの頃から印象が変わらない伝統の味を言語化すると……。それはやはり「変わらない味」であった。

『吉野家』との出会いとは？

牛丼界の最古参。ちなみに僕は『吉野家』の「牛丼」の味が一番好き。

『吉野家』の「牛丼」の味はかなり特徴的である。

・甘さ加減：やや控えめ
・うま味加減：強め
・醤油加減：控えめ

というバランス感である。醤油も甘みもそんなに強くなくて、うま味はしっかりしている、というつくりのため「醤油味」と「塩味」の中間のようなイメージで、ソリッドでありながらキレがある。

『吉野家』
創業／1889年（個人商店として）
1号店／築地（東京都中央区）
※豊洲市場に移転
店舗数／約1240

僕は昔、「甘い料理」が苦手（今は大好き）だったから、このスッキリした味わいに惚れ込んだものだ。

そして、『吉野家』のすごいところは「味が変わらない」ということ。おそらくマイナーチェンジはしているのだと思うのだけれど、子どもの頃から味の印象がまったく変わらない。

実際、『吉野家』自体は時代とともに変化している。僕の『吉野家』のイメージといえば、細長いコの字型カウンターで、テーブルの前方部に埋め込み式の冷蔵ショーケースがあって、その中でお新香とコールスローが売られていて、「牛丼」のメニューも並・大盛・特盛しかなかった。しかし今はテーブル席もあるし、タッチパネル式注文だし、メニューも超特盛牛丼や、唐揚げや鰻丼まで幅広く揃えている。牛丼一本の頑固なスタイルを長らく貫き通してきた『吉野家』もかなり柔軟になったのだな……と時代の流れを感じる。

そんな風にいろいろと柔軟に変わった『吉野家』だが、「牛丼」の味だけは変わらない。そのスタンスがたまらなくかっこいい。『吉野家』の「牛丼」だけは、この味を貫き通してほしいと切に願うばかりである。

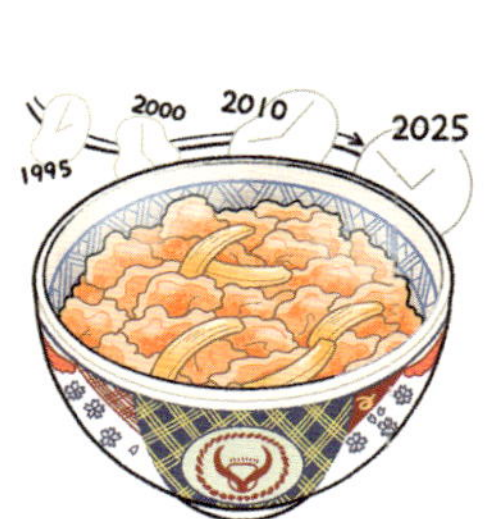

五

焼き鳥はなぜうまいのか？

焼き鳥の構造

「串を打つ効能」とは？

焼き鳥はすごい料理である。僕なんかが語るのはおこがましいという思いさえあるくらいに。まず「肉を焼く」ということ自体が、料理の中でかなり原始的な行為でありつつ、どれだけ追求しても追求しきれないほどに奥が深い、深すぎる。その中でも「焼き鳥」という料理がいかに合理的で素晴らしく、洗練された調理技術であるかを語らせてほしい。

まず、肉に火を入れるというのは大きくふたつの目的がある。①肉を加熱することにより、人間に害悪をなす細菌を死滅させること②加熱して食感に変化を与えて食べやすくする、これが絶対的な目的。その他に、美味しい食感を創る、美味しい香りをつける、油脂を溶かす、などさまざまな付加価値を付ける目的がある。

では焼き鳥はどうだ？　まず、鶏肉自体が生食が難しい肉であるため、しっかり火を通す必要がある。そして、火を入れすぎたときにパサパサになるという難しさがある。また、鶏肉は〝表面がボコボコしていて厚みが均一ではない〟、これがめちゃくちゃ火入れを難しくしているポイントなのだ。

例えば、スーパーで買ってきた、鶏むね肉、鶏もも肉を想像してほしい。まな板の上に置いたときに肉の厚みを測ってみたら、測る部位によってまったく厚みが違うはずだ。厚みが違うため、鶏もも肉をフライパンの上で焼いたときにも、最も厚みがある部分に火が適切に入る頃には、薄い部分が火が通りすぎてしまう、ということになる。焼き鳥の〝串を打つ〟というのはその問題点を解消するためにあるのだ。肉をカットして、丸めて串に刺す。串に三〜四片刺すのだが、それらが均一に火が入るように計算されて成形されている。完璧に焼かれた焼き鳥は、皮がサクッとして、ジュワッと脂が弾け、内部からの肉汁が爆発する。これこそが串打ちの効能だ。

また、〝薫香〟も焼き鳥の美味しさを評価する上でも大事なポイントだ。串に刺された焼き鳥は焼き台の上に置かれる。焼けるにつれて、鶏の脂が熱源に落ちて、ジュッと煙になり、その煙が焼き鳥自体を燻すのだ。このときの薫香こそが焼き鳥を焼き鳥たらしめる大事なスパイスである。これは、フライパンやオーブンで焼いたときには決してつくことのない風味なので、その香りも心ゆくまで愉しんでほしい。

1

『鳥貴族』の「貴族焼」はなぜうまいのか？

絶対に生肉から焼く——。これこそが“安さ”と“美味しさ”を両立する『鳥貴族』の強みのひとつだろう。火入れの難しい鶏肉をジューシーに仕立て上げるワザを、科学的エビデンスを用いながら著者が解説する。

『鳥貴族』との出会いとは？

社会人になり、飲み会の頻度が激増した頃、『鳥貴族』はまさに救世主だった。僕は昔から美味しいものが大好きなので、安くても美味しくない居酒屋に行くことには抵抗があったが、『鳥貴族』は〝安さ〟と〝美味しさ〟を完璧に両立しているすごい居酒屋として、数え切れないくらい行った。

何を食べても美味しいけれど、やはりメイン商品である焼き鳥の美味しさがとにかくすごい。当たり前のように語っているが「焼き鳥が美味しいチェーン居酒屋」というのは、本当にものすごいことなのである。僕は肉の焼き方の研究を続けてきたけれど、焼き鳥は肉の火入れの中でも最高難易度を誇る。だからこそ、『鳥貴族』では焼き鳥をたくさん食べていただきたい！（とはいえ「山芋の鉄板焼」も鬼のようにうまいから、本当に困る……）

『鳥貴族』
創業／1985年
1号店／俊徳道（大阪府東大阪市）※閉店
店舗数／約620

『鳥貴族』の〝鶏肉〟はなぜうまいのか？

『鳥貴族』はどの店舗も忙しく、スタッフたちも日本人のみならずさまざまな国籍の方が働いているけれど、絶対に生肉からちゃんと焼くのだ。だからうまい。

正直、あれだけ大きくチェーン展開するなら、あらかじめ蒸した肉を串に刺して冷凍してから店舗で焼く、のが一般的だと思う。なんてったって、鶏肉の火入れは難しい。生焼けになりやすいし、生焼けじゃダメだし、中にしっかり火が通る頃にはパサパサになっていたり、表面が焦げてしまう、という事態に陥りやすい。

昔から焼き鳥を美味しく焼くには、職人が長年かけて培ってきた経験やスキルが必要だとされている。でも、そりゃあ生肉から焼いて、焼き立てを食べるのがうまいに決まっている。『鳥貴族』はチェーン的な合理性を捨てて、〝美味しさ〟に全振りしている姿勢がマジですごい。

「鳥貴族の焼き鳥、何が一番好き？」なんて話題は、あっという間に二〜三時間が溶けて

しまうほどに盛り上がる話題だけれど、僕はやはり「貴族焼」を推したい。異論は大いに認める。

『鳥貴族』の〝焼き鳥〟はなぜジューシーなのか？

「貴族焼」がなぜうまいのか？　その科学的なエビデンスを説明させてくれ。

焼き鳥の美味しさを評価するポイントはたくさんあるけれど、その中でも「ジューシーさ」というのは、トップクラスに重要な項目だと思っている。その点でいうと、「貴族焼」のジューシーさはすごい。

まず肉というのは焼かれるときに「肉の表面から中心部までの距離が長いほうがジューシーさが保たれやすい」という科学的性質がある。ジューシーさとは、「水分量が多いこと」とイコールである。焼き鳥を焼くときには、串に刺した肉を焼き台の上に載せて焼く。そのときに、焼き台からの火や熱によって、肉の表面が炙られるわけだが、このときに肉の表面から中心部に向かって〝伝導熱〟というものが伝えられる。

例えば、二〇〇℃の火によって肉の表面が炙られたときに、肉の表面が一〇〇℃になる、そしてその温度は肉の内部に向かって伝わっていき、肉の内部は一〇〇〜二〇℃というようにグラデーション状に温度が分布する。そのまま加熱を続けると、全体の温度が上がっていく一〇〇℃から六〇℃というグラデーション分布になっていき、肉自体に完全に火が通った状態になる。

こうして伝導熱が伝えられると同時に、肉の表面付近の一〇〇℃に近い温度帯の部分はどんどん水分が蒸発していく。つまり、「加熱」と「蒸発」が同時に起こっているのだ。そして蒸発は、肉の重量に対して表面積が大きいほうが活発になる。ブロック肉とスライス肉では、スライス肉のほうがパサパサになりやすいのが分かりやすい例だろう。つまり、「〝肉の重量に対して、表面積が小さい肉〟のほうがジューシーさを保ちやすい」ということになる。

『鳥貴族』の「貴族焼」はなぜうまいのか？ ～結論～

さて前置きが長くなったが、「貴族焼」は『鳥貴族』の全メニューの中で最も〝肉の重量に対して、表面積が小さい肉〟である。つまり最もジューシーな肉なのだ！　しかし言うは易く行うは難しで、大きい肉の焼き鳥はその分焼くのが難しい！　にもかかわらず、完璧に焼くオペレーションを構築しているのがすごい！

ちなみに、僕の「貴族焼」の推しは、「もも貴族焼↓スパイス」「むね貴族焼↓タレ」である。まず「もも貴族焼↓スパイス」だが、もも肉は脂が多い部分である。そのため、塩ベースでありながらスパイスの芳香&刺激で脂の重たさを切ってやるとバランスが取れる。次に「むね貴族焼↓タレ」だが、胸は脂肪分が少なくパサつきやすい部分である。そして、タレに含まれる砂糖は保水性を高めるという作用があるため、鶏むね肉をよりジューシーに感じさせてくれる効果があり好相性。あとタレ焼きには絶対山椒を振る味変を試してほしい。マジでうまくて飛ぶぞ。

2

『やきとりの名門 秋吉』の「純けい」はなぜうまいのか？

強火力の
炭火焼き
高火力で焼かれた風味たるや……肉と脂が焼けることによって“リアルな香ばしさ”が生まれる
5本単位
串1本を最小単位とするスマートな誘導によって、食べる流れが実にスムーズに生まれる
親鶏
若鶏とは食感がまるで違う。ホルモンを連想させるほど固く、弾力がある

著者は福井県生まれだけあって、同じく福井県生まれの『やきとりの名門 秋吉』への思い入れは強い。“5本単位”“炭火焼き”“親鶏”という3つのキーワードから、『秋吉』の素晴らしさを、ほとばしるような筆致で綴る。

『やきとりの名門 秋吉』との出会いとは？

福井県生まれの僕にとって、人生で初めて食べた焼き鳥が『やきとりの名門 秋吉』の「純けい」になったことは必然であると言わざるを得ないだろう。しかし、これは全日本人の中で比較するとかなり珍しいケースであるかもしれない。

『やきとりの名門 秋吉』は、福井県発祥の焼き鳥チェーンであるが、未だに他店の追随を許さぬ圧倒的に個性的なスタイルの焼き鳥店である。

僕は今まで何人の友人に『秋吉』の魅力を伝えたか分からない。最初は「そんなうまい焼き鳥屋があるんだね？　機会あったら行ってみるわ！」くらいの熱量の友人も、一度行ったら長文の感動ＬＩＮＥが飛んでくるほど喜ぶ。中には、『秋吉』一号店まで聖地巡礼に行く友人もいた。さて、『秋吉』の魅力を語り尽くそうか。

『やきとりの名門
秋吉』
創業／1959年
1号店／福井片町
（福井県福井市）
店舗数／約100

『やきとりの名門 秋吉』の〝五本単位〟はなぜうまいのか？

『秋吉』では焼き鳥が、一本単位でなく〝五本単位〟で提供される。その分一本のポーションは少なめであって、このシステムが実に素晴らしい！　僕は、本当に心が狭い人間だと反省するばかりなのだけれど、飲み会などで焼き鳥を串から外して食べる行為がどうしても許容できない……。焼き鳥が焼き鳥たる所以は、串を実際に持って熱々をかぶりつく美味しさ＆ダイナミックさにあるのだ。例えば、ハンバーガーを手で持ってかぶりつくのと、ナイフ＆フォークでカットして食べるのとではまったく味わいが変わってくるだろう。その点、『秋吉』は五本単位だから、一本の串を分割する人はいない。串一本を最小単位として、食べる流れが実にスムーズに生まれている。このスマートな誘導に気づいたとき、僕は全身を稲妻に撃ち抜かれたように激萌えした。

また、五本単位なのは調理上の利点もあり、五本同時に焼くことで火力が分散されてうまく焼けるようなのだ。まさに一石二鳥ってわけだ！

『やきとりの名門 秋吉』の〝炭火焼き〟はなぜうまいのか？

また、全国に一〇〇店舗以上展開するチェーンにもかかわらず、『秋吉』は〝炭火焼き〟スタイルにこだわっている。しかも、この炭火焼きが〝半端な炭火焼き〟ではないのだよ……。

『秋吉』のカウンターに座って、焼き鳥を焼いているところを眺めているとあまりの火力の強さに驚く。職人の顔の高さくらいまでゴウゴウと炎が燃え盛る！　その火力に物怖じすることなく、素手で串を持って次々とひっくり返していくのだ！　その温度は実に八〇〇℃に達するという……。それだけの高火力で焼かれた焼き鳥の風味たるや……肉と脂が焼けることによって生まれる〝リアルな香ばしさ〟が鼻腔をダイレクトアタック！　口に含んだ瞬間、サクッとした表面からジュワッとした肉汁が口中に溢れ、竜巻のように立ち上がる炭火焼きの芳香！　これぞ焼き鳥！　たまらない！　チェーン店は品質の画一化が常に課題だけれど、炭火焼きという超絶に画一化が難しい技術を安定させて展開できてい

るのが本当にすごい。素晴らしい教育システムが社内に構築されているのだろうけれど、マジでどうなっているのか知りたい……。

『やきとりの名門 秋吉』の「純けい」はなぜうまいのか？ ～結論～

『秋吉』のメニューは何を食べてもうまい。その上であえて言わせていただくが、「純けい」を食べなければ『秋吉』に行ったことにはならない。それくらいに『秋吉』を代表する最強メニューだ。ちなみに僕が福井の実家に帰省したときには、「純けい」を五〇本単位で注文する、見たか？　これがプロなのだよ。

焼き鳥は一般的に生後二カ月未満の若鶏の肉を使用することが圧倒的に多い。肉がやわらかく、ジューシーで、食べやすいためである。しかし、『秋吉』の「純けい」は雌の親鶏を使用しているのだ。正式な月齢などは公表されていないが、一般的に親鶏といえば月齢五カ月以上を指すことが多い。親鶏の肉は、若鶏とは食感がまるで違う。ホルモンを連想

させるほど固く、弾力がある。そして、うま味が段違い! 他店でも親鶏の焼き鳥を提供している店はかなり珍しいのに、それをチェーンでやっているところがすごい。

そろそろ「純けい」のうまさについて本格的に語らせてくれ。強火力の炭火で焼かれた「純けい」は、皮目がカリッ! と焼けており、噛むと極上の脂がジュワァ、コリコリした食感の肉は永久に噛んでいたいと思えるほど食感がいい。そして噛めば噛むほどうま味が限度なく溢れてくる。噛み続けたい欲望に抗い、飲み込んだ後に「ゴクリ」と間髪入れずに生ビールを流し込む。この世の無上の悦びここに在り。最&高。僕は、場末の焼き鳥店も、カウンターの高級焼き鳥店もくまなく訪問するし、愛しているけれど、『秋吉』には『秋吉』でしか味わえない特別な美味しさがある。もはや〝ジャンル:秋吉〟なのかもしれない。

六

回転寿司はなぜうまいのか？

回転寿司の構造

「最高の一皿選びのみちしるべ」とは？

物心ついたときから回転寿司が異常に好きだった。幼稚園児の頃には祖母に「大トロ食べてもいい？」とせがむような、末恐ろしい子どもだったらしい。

回転寿司といえばもともとは店内に張り巡らされたレーンの上を寿司が流れ続けるという、アトラクション込みの飲食業態だったが、時代も変わり、今ではレーンに流す回転寿司店はかなり少なくなった。

これは我々食べ手にとって何を意味するか？　そう！「寿司を選択する際の視覚情報がひとつ失われた」ということなのである。回転寿司店の膨大なメニューの中から、食べたい寿司を厳選するのは非常に困難な行為（同時に至福の行為でもある）。満足度を少しでも上げるべく、一皿一皿の真剣勝負が各卓で繰り広げられ続けている。その中で「実物を見て選べる」というアドバンテージを失ったダメージはデカい。では、最高の一皿を選び続けるために我々は何をするべきなのか？

それは〝知識を身につける〟こと。

例えば、とある回転寿司チェーンに行ったとしよう。そのときに、「このチェーンは〇〇（魚の種類）の仕入れに異様に力を入れている」「酢飯の酢にかなりこだわっているから、酢締め系のネタも美味しいに違いない」など、知識があれば膨大な選択肢の中から黄金のネタを選ぶみちしるべになるのだ。

回転寿司の大手三大チェーンといえば、『スシロー』『くら寿司』『はま寿司』である。その三社に優劣はない、どこもレベルが高い、高すぎる。でも〝違い〟はある。その違いを理解することで、各店に行ったときに最良の選択をする一助になるはずだ。

実際、僕もこの本を執筆するにあたって徹底的にリサーチをした。その違いを知るために、店舗に伺い舌でその違いを検証してみた。その結果、今まで意識していなかったようなたくさんの違いに気がつき、同時にそのすさまじい企業努力に感動した！　それからは、今まで以上に回転寿司がうまい！　それではその違いについて解説していこうと思う。

1

『くら寿司』の「肉厚とろ〆さば」はなぜうまいのか？

1センチ以上の〆さば
厚いだけではなくしっかりトロける。その脂の多さをキリっと洗い流してくれるのがうまい酢の証拠
酢が立つシャリ
明らかに酢のエッジがキリっと立っている。酢がうまいから酢〆系のネタがかなり美味しい

正式名称が『無添くら寿司』というように、四大添加物の無使用が同店の売り。著者は中でも「シャリのうまさ」に着目する。すし酢の配合にとてつもない労力をかけたのでは？　と考察し、それは酢〆のネタにも効いている、という。

『くら寿司』との出会いとは?

『くら寿司』といえば食べ終わった皿をコイン替わりに使用してガチャガチャを回せる「ビッくらポン!」が有名だが、寿司の味作りにおいて異常なこだわりがある。それは正式名称が『無添くら寿司』とあるように「無添加」にこだわり続けていること。四大添加物(化学調味料・人工甘味料・合成着色料・人工保存料)を加えないことをすべての食材に徹底しているのだ。

寿司だけにかかわらず、大手チェーンで添加物不使用を貫き続けているのはものすごいことである。無添加を貫くために、味作りや調味料の配合にかなり手間をかけているのが感じとれる。『くら寿司』で寿司を食べて強く思うのが「シャリがうまい」ということ。明らかに酢のエッジがキリっと立っている。すし酢の配合にとてつもない労力をかけたに違いない。そ

『くら寿司』
創業/1977年
1号店/中百舌鳥(大阪府堺市)
店舗数/約640

して、酢がうまいから酢〆系のネタがかなり美味しい。中でも超オススメなのが「肉厚とろ〆さば」。僕は回転寿司に行くと必ず〆さばを食べるようにしているが、『くら寿司』の〆さばはズバ抜けて美味しいと感じる。まず、厚みがすごい。確実に一センチ以上の厚みがある！　そして、厚いだけではなくしっかりトロけるのだ！　その脂の多さをキリっと洗い流してくれるのがうまい酢の証拠！　この〝仕事〟こそが寿司の醍醐味である。

この肉厚なとろ〆さばが二貫盛り合わせてあって、なんと一二五円（二〇二四年一一月時点）！　令和の時代とは思えぬ安さ……一体原価率どのくらいなんや……と心配になってしまうほどの気前の良さ！

ちなみに、『くら寿司』はわさびがめちゃくちゃ美味しい。脂が多い魚とわさびの相性は最高。脂が多いほどわさびのツンと来る辛みが軽減されて、爽やかな風味を強く感じられるので、たっぷりとわさびを載せて「肉厚とろ〆さば」を食べてほしい。

※「肉厚とろ〆さば」は現在（二〇二五年一月時点）販売終了……復活を強く希望します！

2

『スシロー』の「まぐろ盛り」はなぜうまいのか？

業界No.1のシェアを誇る『スシロー』で食べるべきネタは、誰がなんといおうと「まぐろ」と、著者は猛プッシュする。まぐろの専用サイトを設けるほどの異常なまでのこだわりがもたらす美味しさとは？

『スシロー』との出会いとは？

『スシロー』は回転寿司チェーン業界においてシェアNo．1を誇る。さすが王者というだけあって、全体的なレベルがすごく高い！ しかし、しっかりと抑えておきたい特徴がある。それは「まぐろへのこだわりが異常すぎる」ということ。Googleで［スシロー　まぐろ］と検索してみてほしい。なんと、『スシロー』のまぐろへのこだわりをとんでもない熱量で綴った特設サイトが存在するのだ。まぐろへのこだわりっぷりはまさに異常。例えば「まぐろを釣り上げたら船上でマイナス五五℃という極低温で冷凍し、そのまま店舗まで一度も解凍することなく流通させる」「解凍法の違いによって、どのような味の違いが生まれるかを測るため、味覚センサーを使って数値化する」など、とんでもないこだわり。

『スシロー』
創業／1984年
1号店／豊中（大阪府豊中市）※『すし太郎』として。閉店
店舗数／約620

だから、『スシロー』に行ったら絶対にまぐろを食べるべきなのだ。まぐろを腹いっぱい食べることを念頭に置いたコース構成を自身で組み立てる必要がある。その中で僕の絶対的オススメは「まぐろの盛り合わせセット」。

時期によって内容は違うのだが、まぐろの寿司が部位やそれぞれ違う調理法で六〜八貫を大皿に盛り合わせてあり、大体一〇〇〇円前後くらいの価格。今まで、生本まぐろのときもあったし、先日は天然インドまぐろだった。この寿司は注文するとレーンを流れてやってくるのではなく、店員がテーブルまで持ってきてくれるのだ。そして、実にうまい！冒頭に書いたように何を食べても美味しい『スシロー』だが、まぐろはやはり頭ひとつ抜けていることを強く実感させられるうまさ。しかも、全部種類が違って、赤身のヅケもあれば、大トロの炙りもあり、ネギトロの手巻き寿司もありバリエーション豊か！うまいまぐろを心行くまで満喫できる最高のセットなのだ。

回転寿司において一皿一〇〇〇円前後の注文は躊躇してしまう気持ちは痛いほど分かる。でも勇気をもって注文してみてほしい。毎回頼む定番になること間違いなし。

3

『はま寿司』の「いか天握り」はなぜうまいのか？

『はま寿司』の席についてまず目を惹くのが、ドンと鎮座する5種類もの醤油ボトルだろう。そんな中、著者は意外や意外「天ぷら」にどハマり。まして6通りの楽しみ方ができるのだから、研究心も旺盛になるというものだ。

『はま寿司』との出会いとは？

あれはいつの日だっただろうか。久しぶりに『はま寿司』に行って、ど肝を抜かれたことがある。席について、なんと五種類の醤油が用意されていたのだ！　特製・だし醤油、関東風・濃口醤油、北海道・昆布醤油、九州風・さしみ醤油、四国風・ゆずポン酢、という最高のラインナップ！　醤油ひとつとっても、これだけこだわっているお店が美味しくないわけがない！　期待値爆上がり！　しかも、五種類の醤油があることで、一種類の寿司を五通りの方法で楽しむことができる。店側は大変だろうけれど、お客さんからしたら至福の神サービスである。

『はま寿司』も全体的なクオリティがかなり高いけれど、中でも特に感動したのが「いか天握り」である。

『はま寿司』
創業／2002年
1号店／足利（栃木県足利市）
店舗数／約570

店内調理にこだわっており、オーダーが入ってからいかを揚げるため、天ぷらは熱々&サクサク。揚げ立て天ぷらは他チェーンでも実施しているお店はあるけれど、『はま寿司』の天ぷらは衣がすごい！　サクサクしていながらも、衣が薄く、パリッとクリスピーで、軽い！　そして、いかの身が厚い。薄い衣とぶ厚い身、このコントラストが最高なのは言うまでもない。

しかも、天ぷらに対して六通りの楽しみ方ができるのがすごい。塩であっさり食べるもよし、ポン酢でさっぱりと、さしみ醤油で甘め濃厚に、など楽しみ方の幅が広い！　僕は、初めて『はま寿司』で「いか天握り」を食べたとき、感動しすぎて三皿頼んで六通りの味を試した。個人的にはだし醤油のうま味ブースト&キレがある味わいが大好き！　そして、これが一皿二貫で一一〇円（税込）とは恐ろしいまでの安さ……ありがたすぎて泣けてくる。

七

ハンバーガー・コーヒーはなぜうまいのか？

ハンバーガーの構造

「バンズとパティの一体感」とは？

物心ついたときからハンバーガーを食べていたせいか、「ハンバーガー＝美味しい食べ物」という図式がずっと頭に刷り込まれている。でも高校生、大学生へと成長し、いろいろと自由に外食を楽しめるようになってからは、ラーメン、カレーなどにのめり込み、ハンバーガーとは疎遠になっていた。しかし、二十代前半にアメリカに一年間留学したときに、本場のハンバーガーを食べて、頭を鈍器で殴られるような衝撃が走った。とんでもないうまさだ！　ハンバーガーとはこんなに美味しい食べ物だったのか⁉　と。それからハンバーガーにハマりまくり、自分でも作るようになった。そこで「ハンバーガーにとって大事な要素とは何か？」を考えるようになった。

ハンバーガーにとって一番大事な要素は「一体感」だと断言できる。ハンバーガーは構造的に、バンズでパティを挟んだものである。バンズとパティの間には、チーズ、野菜、ソース類が挟まれる。このように「さまざまな食材が層になった料理」のすべての層を一口で口の中へと運ぶ。バンズ、パティ、チーズなどまったく別の食材が口の中で一気に混ざり合い融合する。この瞬間にハンバーガーの美味しさが最大化する。このときの一体感が美味しさの最大値を決める重要な要素になる。

例えば、バンズでこんにゃくを挟んで食べた場合を想像してほしい。フワフワなバンズと弾力が激しいこんにゃくはまったく融合しないだろう。やわらかいバンズ&ハンバーグは口内で融和し、パティの脂肪分がバンズのパサつきを補い、完璧な調和を図る。これがハンバーガーの核となるバンズとパティの一体感。ハンバーガーの最小構成要素は、バンズ&パティである。そこに何を足すか？ このアイテムによって、ひとつのハンバーガーによって演出したいドラマの筋書きが変わってくる。

チーズを足すことで脂肪分&うま味を強化した濃厚なラブストーリーに、生野菜を足すことでシャッキリ爽やかな青春物語に……ハンバーガーひとつに込められた店側の〝狙い〟に思いを馳せるのが楽しい。好きな店が見つかったら、「生野菜なし&チーズたっぷり」と「生野菜たっぷり&チーズなし」を食べ比べてみてほしい。この真逆なオーダーによってその店の最濃厚&最さっぱりの二種類を味わえて、得意な方向性を把握しやすくなる。

『マクドナルド』の「ダブルチーズバーガー」はなぜうまいのか？

歯切れ＆
口溶け◎のバンズ
グルテンを断裂させることにより、異常なほどの「歯切れの良さ」と「口溶けの良さ」に
薄いパティ
パティの薄さにより口内融和を高めつつ、配合や焼き方によりビーフの存在感もしっかりある

世間の『マック』VS『マクド』の略称問題をよそに、著者は『マクドナルド』が誇る“バンズ”と“パティ”の口内融和に脱帽する。特殊な工程で作られるバンズと、あえて薄く仕上げられたパティの「完璧すぎる計算」とは？

『マクドナルド』との出会いとは？

外食チェーン界の王者『マクドナルド』。そして王者の中の頂点メニューは「ダブルチーズバーガー」だと思っている（異論は認める）。もっと言及するなら「ダブルチーズバーガーセット」がすごい、すごすぎる。あまりに身近すぎて、昔はそのすごさに気づいていなかったけれど、今では毎回食べるたびに鳥肌が立つほどの畏れを感じるほどだ。

フワフワしたバーガーと、サクサククリスピーなポテトの食感のコントラスト、チーズ&肉のうまさが濃厚なバーガーとキリっと塩味だけの潔いポテトの味わいの対極さ、油脂の重さを流し込むコーラの炭酸。すべてのパーツが各々の美味しさを最大化させるべく完璧に作用し合っている。その核をなす「ダブルチーズバーガー」。

『マクドナルド』
創業／1971年（国内、以下同）
1号店／銀座（東京都中央区）※銀座晴海通りに移転後閉店
店舗数／約2970

『マクドナルド』の〝バンズ〟はなぜうまいのか？

『マクドナルド』の「ダブルチーズバーガー」をひと言で表すなら「完璧なる計算」。そして、その計算のベースとなっているのが間違いなくバンズである。

『マクドナルド』のバンズはマジですごい……何がすごいかというと「歯切れの良さ」と「口溶けの良さ」が異常なのだ。まず『マクドナルド』のバンズの製法上の特徴として「麩切り」という特殊な工程がある。バンズの素となる生地をミキサーにかけてグルテン（生地の伸びや弾力を司るたんぱく質）を断裂させる工程で、麩切りをすることで歯切れが良くなり、さらには焼色も均一になるのだとか。

ちなみに僕は、グルテンについての研究も製麺もやるけれど、わざわざグルテンを断裂させるなんて聞いたことがない……。これはかなり特殊な工程である。ではなぜ、わざわざそんな特殊な工程を挟むのか？　それはパティとの相性が関係してくる。

『マクドナルド』の〝パティ〟はなぜうまいのか？

『マクドナルド』のパティはお世辞にも〝厚い〟とは言えない。むしろ薄い。『マクドナルド』のパティをハンバーグの価値観をもってして測ろうとすると、良いハンバーグ、ではないかもしれない。しかし、『マクドナルド』のハンバーガーにとっては、『マクドナルド』のパティが最適解なのだ！

「ハンバーガーの構造」でハンバーガーにとって大事なのは「一体感」だと語った。もし、『マクドナルド』のバンズで肉汁たっぷりなぶ厚いハンバーグを挟んだらどうなるか？『マクドナルド』の歯切れ＆口溶けが良いソフトなバンズでは、とてもハンバーグのパワーを受け止められない。肉だけ食べているような重たさが残り、とてもポテトやナゲットまで食手が伸びることはないだろう。

その点、『マクドナルド』の薄いパティとの相性は最高。サクッとソフトな生地と薄いパティの食感は完全に口中で融和する。また『マクドナルド』のパティは細挽きであるため、

口内融和度がさらにブーストされる！　パティは薄いけれど、つなぎなどを使っていないため、ピュアな牛肉のうま味が凝縮している。またしっかりメイラード反応（食材を加熱したとき、糖とアミノ酸が反応して、茶色く色づきさまざまな香りを生む反応）をさせているのもニクい！　メイラード反応により、肉に肉の香り&うま味が何倍にも凝縮されている。そのフレーバーにブラックペッパーが閃光一閃。爽やかさを付与させつつ、牛肉の香りを高める最高の相棒である。

パティの薄さにより口内融和を高めつつ、配合や焼き方によってビーフの存在感はしっかり残す、完璧なデザインだ。

『マクドナルド』の「ダブルチーズバーガー」はなぜうまいのか？ ～結論～

「ダブルチーズバーガー」は、バンズ・パティ二枚・チーズ二枚・ピクルス・ケチャップ・玉ねぎのみじん切りによって構成されている。この構成が計算されすぎていて、僕は恐ろ

しくなる。

うま味のバランスがすごすぎるんだわ、マジで。まず主役のパティは牛肉なのでイノシン酸がうま味の主体である。そこにバチバチにうま味が効いたチーズ。『マクドナルド』のチーズは明らかにうま味が濃い！　そして、塩気&酸味は強くないがうま味が強いケチャップ！　チーズとトマトのうま味成分はともにグルタミン酸。これが何を意味するか？　賢明な読者の皆様はもうお気づきだろう。イノシン酸とグルタミン酸を掛け合わせると相乗効果が起こり、単独で味わうときよりも七～八倍うま味が強くなるのだ。つまり、「ダブルチーズバーガー」はそれぞれのパーツを個別で食べるより、ハンバーガーとして一気に食べたほうが少なくとも七倍以上うまいということになる。これぞ料理の真髄。

ちなみに、このイノシン酸とグルタミン酸の掛け合わせは、日本料理のカツオ昆布だしで活用されている。あまりに暴論かもしれないが、「ダブルチーズバーガー」＝お吸いもの、と言い換えられるかもしれない（やはり暴論？）。

コーヒーの構造

「コーヒーの新しい価値観」とは？

日本は意外にもコーヒーの一人あたりの消費量が世界第四位というコーヒー消費大国だということをご存知だろうか？　もともと日本には美しき喫茶店文化というものがある。深煎りのブラックコーヒーに自分でミルクや砂糖を加えて好みの味わいに調整するタイプのコーヒーが長く支持されてきた。そして、それは間違いなく〝大人の飲み物〟であった。そして一九九六年、銀座に『スターバックスコーヒー』が初上陸。ここから日本のコーヒー革命が始まる。そのとき世界ではコーヒー業界に「セカンドウェーブ」と呼ばれる潮流が起きていて、人々がコーヒーに対してよりクオリティの高さを求めるようになっていた。

日本のコーヒー界にとってまさに黒船襲来。『スターバックス』は日本人に対して、コーヒーの新しい価値観を数多く提案した。例えば「カフェラテ」、もともと日本では「カフェオレ」が主流だったが、今ではあまり見かけることがない。カフェオレは濃く抽出した深煎りコーヒーにミルクを加えたものであり、カフェラテはミルクにエスプレッソを加えたもの。エスプレッソは高温&高圧の蒸気によってコーヒーを抽出するため、〝より濃い&凝縮したコーヒー〟を淹れられる。もともと日本の喫茶店文化にはなかった抽出方法であるが、今では当たり前のように一般化した。

また、『スターバックス』の功績は、甘いコーヒーのラインナップを増やし、もともと〝大人の飲み物〟であったコーヒーの間口を大幅に広げたことである。例えば「キャラメルマキアート」。カフェラテにバニラシロップで甘みをつけ、フワフワしたフォームミルクを載せ、キャラメルソースを散らしたドリンクである。僕は、まだコーヒーが飲めなかった中学生のときにこの甘美なる飲み物の存在を知り、ワクワクしながら田舎から電車を乗り継いで『スターバックス』まで飲みに行ったものだ。そのときの感想は「コーヒーなのに苦くない！　美味しい！　僕でも飲めるぞ！」だった。マジで衝撃的だった。コーヒーという大人を象徴する憧れの飲み物が、一気に自分の身近な存在になり、まるで自分自身も大人になったような優越感があった。このように、日本人における〝コーヒーに対する価値観&概念〟を根底から覆した『スターバックスコーヒー』はすごい。

2

『スターバックスコーヒー』の「ダークモカチップフラペチーノ」はなぜうまいのか？

『スターバックス』に『ラーメン二郎』を重ねるのは、世界を探しても著者くらいかもしれない。とてつもない甘さの「フラペチーノ」に、甘くない「ホイップクリーム」の組み合わせは、「ブタ」と「スープ」の構図に酷似？

『スターバックスコーヒー』との出会いとは？

「フラペチーノ」は『スターバックスコーヒー』を象徴する代名詞のような看板商品だろう。「フラッペ」と「カプチーノ」を合わせた造語であり、『スターバックスコーヒー』が商標登録をしている商品名である。

初めて「フラペチーノ」を食べたのは大学一年生の夏だった。初めて対面した瞬間、「こんなことしちゃっていいのかよ⁉」という背徳感に襲われた。その背徳感と、とてつもない中毒性を伴った愉悦。「この感覚は知っているぞ……これはアレだ、アレに似ている……ラーメン二郎だ」。頭の中ではっきりと理解（ワカ）った。暴動が起きかねない暴論と思われるかもしれないが、科学的に分析してみて、あながち的外れではないことに気がついた。丁寧に説明するから、どうか怒らないでほしい。

『スターバックスコーヒー』
創業／1996年（国内、以下同）
1号店／銀座松屋通り（東京都中央区）
店舗数／約1940

〝甘いもの〟はなぜうまいのか？

「フラペチーノ」は甘い、それもものすごく。では、人はなぜ甘いものが美味しいと感じるのか？　それはシンプルに、糖分が身体に不可欠な必須栄養素であるため、人は甘いものを〝本能的に美味しい〟と感じるようにできているのだ。糖分は炭水化物の一種であり、身体の重要なエネルギー源である。また糖分の一種であるブドウ糖は脳が活動する上での唯一のエネルギー源でもある。つまり、すごく甘い「フラペチーノ」は、人間にとってすごく美味しい食べ物であると本能的に感じるようになっているのだ。

でもそうなると、「じゃあ、砂糖を直接舐めるのが一番美味しいはずだろ！」と言われるかもしれない。でも実際は砂糖を直接舐めても美味しくはない。それは、人間のガード本能が働いているからなのだ。糖分は生命活動に不可欠な栄養素ではあるが、摂取しすぎると逆に悪影響を及ぼす。そのことを理解している身体は、あまりに大量の甘いものをダイレクトに摂ろうとするとガード本能が働いて「美味しくなく」感じさせるようになっている。これは塩分や油脂も同様である。しかし、「フラペチーノ」にはそのガード本能をうまく麻痺させる計算がなされているのだ。

〝甘くて冷たいもの〟はなぜうまいのか？

極論をいうと、「フラペチーノ」は「甘くて冷たいから美味しい」。イメージしていただきたいが、溶けた常温の「フラペチーノ」は甘すぎて飲めないはずである。それだけ、冷たさがすごく重要なのだ。

まず、冷たい食べ物というのは甘みや塩分を感じさせづらくする効果がある。しかも「フラペチーノ」の場合、氷がミキサーで細かく粉砕されている。氷というのは細かければ細かいほど触れた対象の熱を素早く奪い取る力が強くなる。つまり「フラペチーノ」は冷たいだけではなく〝超冷たい〟のだ。それにより甘さをマスキングさせる効果もさらに高い。

これは、塩気が強すぎる味わいを、大量のうま味調味料によってマスキングさせている、という『ラーメン二郎』におけるスープの構造と同じである。

『スターバックスコーヒー』の〝ホイップクリーム〟はなぜうまいのか？

また、「フラペチーノ」の上のホイップクリーム、あれが実に素晴らしい。『ラーメン二郎』の章でも触れたが、人間は脂肪分を本能的に美味しく感じるようにできている。その脂肪があの盛り盛り加減、提供された瞬間にすごくワクワクする。そしてあのホイップクリーム、甘くないのだ。それがマジですごい。甘くないし、軽いからバクバク食べられる。そこで「もう少し甘さがほしいな」と思い、甘い「フラペチーノ」本体を欲する。「フラペチーノ」本体にもミルクが含まれているから、実は〝脂肪で脂肪を流し込む〟という最強に幸福な構図が生まれている。これは、『ラーメン二郎』における「ブタ」をスープで流し込むのとまったく同じ構図である。

『スターバックスコーヒー』の「ダークモカチップフラペチーノ」はなぜうまいのか? ～結論～

そして「フラペチーノ」がさらにすごいのは、「食べ物であり飲み物である」という料理であることだ。

すごく甘くて、脂肪分も多いけれど、〝飲む〟という要素が強いため、舌の上の通過時間が短く、喉からダイレクトに流し込まれるアクションになる。そうなると何が起こるのか? 先述した舌からのガード本能が働きづらくなるのだ。こうして身体は大量の甘いもの&脂肪を摂取できて大量の脳内麻薬が放出される。つまり本能的にうまくて抗えないのだ。この一連の流れも『ラーメン二郎』で感じる幸福感とまったくもって同じである。

ここまで、「フラペチーノ」と『ラーメン二郎』の類似性を説いてきたわけだが、一点まったく違う点がある。それは客層だ。『ラーメン二郎』は圧倒的に男性客が多いが、「フラペチーノ」を頼むのは圧倒的に女性客が多い。それは季節限定商品など、とにかく「フラペチーノ」の展開が華やかかつ数が多いことが一因であると思う。夏はスイカ、秋は芋

などさまざまな限定商品を出し続けていて、中には社会現象になるフレーバーも存在するほど。ちなみに、僕は圧倒的な「ダークモカチップフラペチーノ」推し。しかも、エクストラチップ&エクストラホイップ。なくなる心配がないくらいの大量のクリームを頬張りながら、ザクザクチップたっぷりでビターな「フラペチーノ」を飲み込むのがマジで幸せ……。

おわりに

「東山さんの好きなように、思いのままに書いてください」

これが最初の打ち合わせのときに、カンゼンの編集者・石沢さんが言ってくれた言葉だ。僕はうれしいと同時に困惑して、「え？　例えばCooking Maniac（僕が運営するブログ）くらいふざけた感じの文章でも構わないんですか？」と質問したところ、「大いに結構です。愛が伝わるならそれでも構いません」と力強い返答をいただいた。正直、当時抱えていた仕事量的に、ここまで文字数が多い本を執筆することに不安が大きかったのだが一気に僕の心に火が点いた。「時間はかかるかもしれない、絶対に妥協するのはやめよう」。そう心に決めて、僕が心から愛を叫べる大好きな店の大好きなメニューだけを紹介することにした。その結果、獣のようなすさまじい集中力をもってして書き上げることができた。

執筆期間中に何度も読み直してみたのだけれど、こんなにテンションが高いグルメ本って他にあるのだろうか？　って我ながら思う。決してお利口な文章ではないかもしれないけれど、熱量だけはやたらと伝わる。間違いなく、僕にしか書けない文章だと思う。ここまで好き放題やらせてくれた（むしろ放置？）石沢さん、本当にありがとうございます。すごい懐の深さだと思います。

そして、イラストレーターの蒼井すばるさん！　もうイラストにひと目惚れ。僕を素敵すぎるイラストにしてくださりめちゃくちゃうれしかったです！　そして、料理の絵も最高です！　僕の愛する料理たちの特徴を完璧に捉えてくださりながらも、お腹が減るシズル感があります！　そして、そして！　ここまで読んでくださった読者の皆様！　ありがとうございます！　冒頭にも書いたように、この本を読んだ今、この本に掲載されている「国民的チェーンめし」を食べると、さらに美味しく感じるはずです！　ぜひ試してみてください！

それでは、皆様の食生活と人生が、さらに美味しく豊かになることをずっと願っています！　もしまた会えたら、たくさんめしの話をしましょう！

二〇二五年一月　超料理マニアな料理人　東山広樹

著者
東山広樹
（ひがしやま・ひろき）

超料理マニアな料理人。株式会社マジでうまい代表取締役。汁なし担々麺専門店『タンタンタイガー』の創業者。現在は会員制レストランを主宰、飲食業のレシピ開発などを行っている。年間400軒超の飲食店を食べ歩きし、料理の美味しさについてとことん追求。日本一マニアックな料理ブログ『Cooking Maniac』も運営している。Xのフォロワー数は6.5万人超。著書に『スーパーの食材で究極の家庭料理』（大和書房）、『マニアック家中華』（ダイヤモンド社）。

イラスト
蒼井すばる
（あおい・すばる）

イラストレーター。埼玉県出身。女子栄養大学を卒業後、出版団体にて雑誌編集者として勤務。その後フリーイラストレーターとして、料理や人物など、シンプルながらもあたたかみのあるイラストレーションで、書籍・WEBの挿絵を中心に活動中。

ブックデザイン＆DTP　今田賢志
編集　石沢鉄平
（株式会社カンゼン）

国民的チェーンめし研究
◯◯の△△はなぜうまいのか？

発行日　2025年2月26日　初版
著　者　東山 広樹
発行人　坪井 義哉
発行所　株式会社カンゼン
〒101-0041
東京都千代田区神田須田町2-2-3
ITC神田須田町ビル8F
TEL 03（5295）7723
FAX 03（5295）7725
https://www.kanzen.jp/
郵便為替 00150-7-130339
印刷・製本　株式会社シナノ

ISBN 978-4-86255-748-3　Printed in Japan

定価はカバーに表示してあります。
ご意見、ご感想に関しましては、kanso@kanzen.jp まで
Eメールにてお寄せください。お待ちしております。